ほんとうにやりたいことを言語化する方法

DEEP DRIVER

ディープドライバー

Takeshi Furukawa

古川武士

BOW BOOKS

はじめに

「私の人生、このままで本当によいのだろうか？」

これは、誰しもが人生のある時期に向き合う必要がある葛藤です。

私がコーチングをする中で、次のような相談をいただきました。

今の仕事に特に不満はないが、達成感を感じることもなく、35歳を過ぎて「こんなもんでいいのだろうか」と、キャリアの方向性に不安を抱えている。もっとイキイキと働けたらと思い、この状況を変えるべく行動に移したいが、自分の強みもわからず、何からどう動いていいかわからない。

何がやりたいのか？　モヤモヤを解消したい！

あなたも同じように思っているのではないでしょうか？

「自分らしい生き方をしたい」

「自分が生きていることの目的や意味を見出したい」

「今の仕事が、どこかズレているような気がする」

「少しでも、人のためになる、人の役に立つ仕事がしたい」

「自分の天職、ライフワークとは何かを探している」

「今の就活そのものに疑問を感じている」

「新卒で入る会社は、どんな会社が自分に合うのだろうか？」

「妻、母親以外の役割を持って、生きがいを得たい」

「役職定年が見えてきたが、もっと自分には何かができると思っている」

「会社を辞めて、いつか独立したいという思いをずっと抱いている」


こうした、「自分は何者で、どういう人生を生きたいのだろうか？」という葛藤に、自分なりの答えを探求していくのが、本書のテーマです。

特に、次のようなお悩みを持っている方に向けて書きました。

1　私の人生、このままで本当によいのだろうか？　と答えを模索している。
2　就職、転職、副業、起業を考えているが、何をしたいのかわからない。
3　今いる職場や環境を変えずに、やる気を再燃したい。

ディープドライバー（あなたを突き動かす動機の源泉。これから本書の中で丁寧に説明していきます）につながれば、これらの迷いはすべて解決します。

やりたいことではなく、やる気の源泉を見つけよう！

さて、やりたいこと探しの本も巷に多数あります。しかし、それらを手に取った人の多くが、表面的なやりたいことや目標設定に飛びつき、やり始めたけれど、結局、何か違うと思ってやめてしまう、さらに混迷を深めてしまう、となってしまうのを、私は幾度も見てきました。

人生、誰でも、方向性に迷い、どうしたいのかわからなくなることはあります。

そのときに、手っ取り早く、資格の勉強、自分磨きの習い事など、安易な目標を設定して行動を始めることによって、迷いや葛藤を終わらせたい、と願うのは、人間の性です。

しかし、本当に求めていることが不明確なまま、目標を設定して達成しても、束の間の満足で終わり、また新しい刹那的な目標に走ってしまう。これを何度繰り返したところで、本当の充実感のある達成感には行き着きません。

「迷ったら行動！」というのは聞こえはよいのですが、本当のテーマから目を逸らしている人が多いのも事実です。

本書で提案したいことは、まず、「やりたいこと」ではなく、「やる気の源泉」を見つけよう！　です。

これを私は、**「ディープドライバー（あなたを突き動かす動機の源泉）」**と呼んでいます。

詳細は本文で詳しく解説しますが、ディープドライバーにつながった活動をしていると、私たちはやりたいことができている！　と感じます。

仮に、あなたが、生きがい、働きがいがない、つまらないと感じて、日々を過ごしているとしましょう。そのとき、**あなたにとって解決策になるのは、「やりたいことを見つける」ことではなく、「自分の内側にあるイキイキとした情熱に触れて生きること」ではないでしょうか？**

大切なことは、転職先でも、独立でも、副業でもなく、今、つながりを失っている「ディープドライバー」、すなわち、「あなたを突き動かす動機の源泉」に触れることです。

やりたいことを見つけるのではなく、動機の源泉につながることで、あなたの心は情熱に溢れ、やる気に満ち溢れていきます。

やりたいことをして生きている人の特徴は、自分を突き動かす動機をドライバーにして人生を生きていることです。

一方、やりたいことがわからないと悩む人の最大の特徴は、どんなときに、自分がわくわくしたり、やる気が湧いたり、情熱が湧いてくるのかを感じることができないでいることです。

しかし、私たちは自己探求の方法を習ったことがないので、どうすればいいかわからない……。

そこで、本書では、まず、あなたを突き動かす原動力である「ディープドライバー」を見つけていくメソッドをご紹介します。

私は、「習慣化の学校」という講座を10年以上主催し、まさにこの、やりたいこと探しで悶々としている人たちを支援してきました。そこでの「ディープドライバー（あなたを突き動かす動機の源泉）」を自分で見つけて変わっていく実例も交えながら、ご紹介していきます。

「好きこそものの上手なれ」と継続・習慣モデル

ここまで読んで、なぜ習慣化コンサルタントの私が、ディープドライバーなどという「動機づけ」の本を書くのか、と疑問に思っている方もいらっしゃるかもしれません。結論から言えば、**継続、習慣を突き詰めていったら「好きなことは続く！」という原理に辿り着いた**、ということになります。

次のページの「習慣の因果関係モデル」の図をご覧ください。**結果は、実力から生まれ、**

その実力は、努力の継続からつくられ、その継続は情熱、好きなことから生み出されるというものです。

ビジネスパーソンも、起業家も、スポーツ選手も、アーティストも、「好きなこと、やりたいことをやっているから、続くんです」と口を揃えて言います。

大谷翔平がインタビューで、自分の才能は？　と聞かれたとき、「好きなことに徹底的に熱中できること、それがたまたま野球だった」と答えています。24時間ずっと野球のことを考えていて、寝ていてもバッティングについてのヒントが思いついたらすぐにバットを持って試すそうです。

もちろん、大谷翔平は、飛び抜けた身体的才能のある異次元のプレイヤーですが、野球に取り組む情熱がこれほどまでなければ、開花しなかったでしょう。その継続の源流は「好きこそものの上手なれ」という本質にあったのです。

あなたも、自分を向上させたい、何者かになりたい！　夢中になって取り組める仕事・ライフワークをしたいと願っているのではないでしょうか？

大きな成果、真の実力の体得は、一朝一夕の努力では実現できません。営業でもエンジニアでもスポーツでも芸術でも、一流になるには、1万時間の法則というのがあるように、努力の積み重ねと継続が、何より必須条件になります。天才でも、膨大な努力を継続しています。

「継続は力なり」こそが、真の実力と結果に向けた真実です。

繰り返しますが、**その継続は何によって生まれるかと言えば、その原動力は、根性や意志よりも、自分が本当に「好きなこと、熱中できること、やりたいこと」をやっている、ということに起因する**からに他なりません。

ディープドライバーは、単なる好きなこと、やりたいことという表面的なものではなく、一流の経営者、スポーツ選手、ビジネスパーソンが語る、**自らを常に新しいチャレンジ、困難に突入させてでも高みに行こうとさせる、自分を突き動かす動機**なのです。

習慣の因果関係モデル
継続は力なり

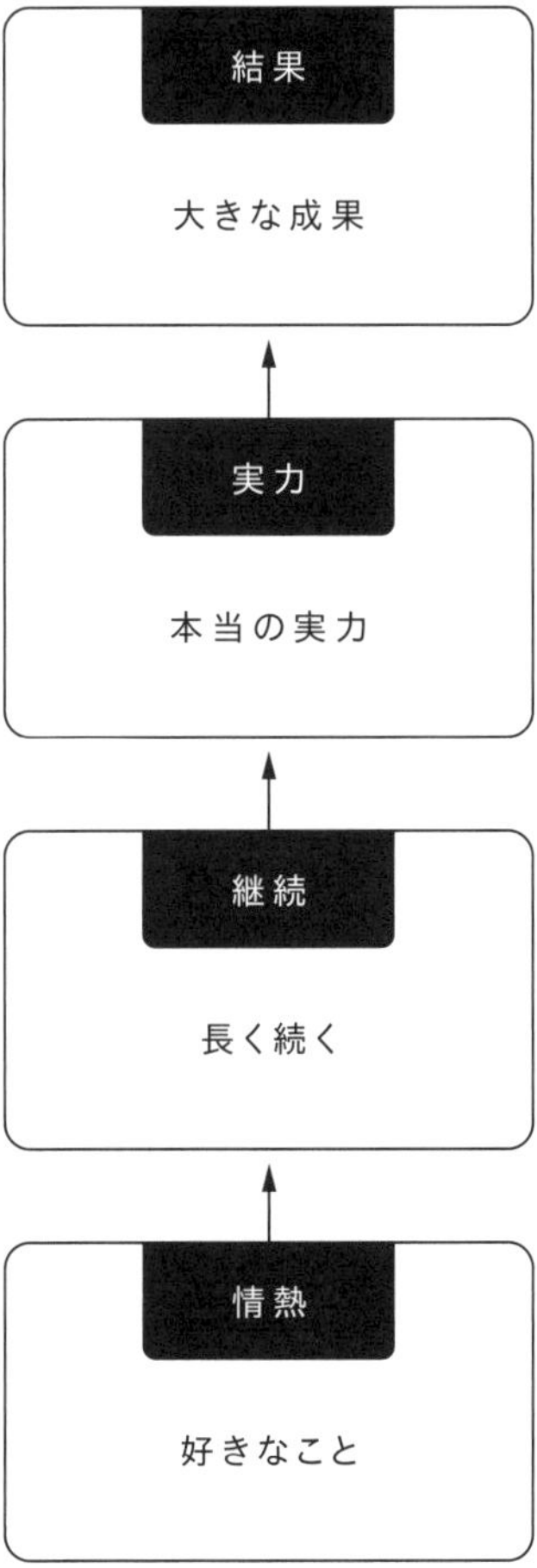

私も10年間迷いの果てに自分の人生を見つけた一人

さて、自己紹介が、遅くなりました。私は今、自分なりの生き方、やりたいことで生きており、現在、47歳です。「習慣化コンサルティング」という会社を経営しております。独自のメソッドを開発し、これまで習慣化だけのテーマで、24冊、120万部の本を書いてきました。翻訳も、中国、台湾、タイ、ベトナム、インドネシア、マレーシアと6ヶ国に広がり、中国の厦門でも講演に呼ばれるようになりました。

テレビも、NHK「あさイチ」「ごごナマ」、TBS「情報7DAYSニュースキャスター」などに出演。雑誌・ラジオなどメディアには250以上に出演・登場してきました。企業教育でも、これまで5万人に講義、コンサルティングをしてきました。支援してきた会社は300社以上になります。

しかし、私にも10年間、自分探しを続けた歴史があります。18歳から自分探し、やりたいこと探しをして、28歳で起業を決めたところまでは、迷いの連続でした。

大学時代、自分が何をしたいのか？　情熱を注げることを探しても、何も見つかりませんでした。就職活動も、自己分析を重ねても自分がわからずに、就職留年をした上でなんとか就職。その後、人も羨む大企業に転職して、成功したかのように賞賛されても、本当の自分を生きている感じがしませんでした。

「ここは自分の居場所ではない」という感覚だけがモヤモヤとありました。

そんな20代、私はその本音に向き合うことなく、資格をやたらと取得したり、ビジネススクールに通ってみたり、趣味を見つけたり、モヤモヤする感覚をどうすれば解消できるのか、模索しました。しかし、本質的解消には全く至りませんでした。

転機が訪れたのは、28歳のときでした。「雇われない生き方」という働き方のスタイルに出会い、「独立する、自立する」というディープドライバーに気づきました。そこからコーチングで独立をし、さらに自分のディープドライバーである「人生を変えたいけれど、現状を変えられない人のために、習慣化で問題解決をする」に気づき、人生が好転していきました。

詳細は本文に譲りますが、自分の深い部分にある動機をつかむと、誰でも、本気になれるし、情熱的になれます。そして、物事は継続していきます。

ディープドライバーメソッドの概要

さて、本書は、15年間にわたり5万人への講座、1000人以上の人生をコーチングする中で生み出してきた、自分を変えるためのメソッドを「ディープドライバー」と題してまとめたものです。

このメソッドは、前述のように、私自身の自己探求と、1000人以上のあなたと同じ悩みを抱える人をマイナスからプラスに導いてきた、血と汗と涙の実践知を、結晶にして言語化した**「あなたを突き動かす動機の源泉から人生を変えていくメソッド」**です。本当にやりたいことを言語化して、実際それを実現していくための方法論の集大成です。ディープドライバーから人生を変えていく全プロセスを紹介します。その分、内容は盛りだくさんなので、本書のメソッドの全体概要を紹介しておきます。

本メソッドは、3つのフェーズに分けられています。

フェーズ1　何がしたい？

最初に、あなたを突き動かす動機の源泉、ディープドライバーを見つけていくプロセスです。本メソッドは、ディープドライバーから始めよう！　が一番の特徴です。ここが見つかれば、7割終わったようなものです。多面的な視点から探り言語化して、より深い動機を探っていきます

フェーズ2　どうなりたい？

あなたのディープドライバーを見つけたら、それを源泉にどんな未来を手に入れたいのか、未来の方向性（理想的な姿）を描きます。動機が明確ならばなりたい未来も自分にフィットしたものになります。

そして、次に誰と共にそれを手に入れていくのか、豊かな関係性を見つけていきます。

フェーズ3　どう動く？

最終フェーズは、フェーズ1と2における内省から行動するステップに進みます。内省と行動は、相互循環しながら進化していきます。

Deep Driverメソッド		
フェーズ1 何がしたい？	フェーズ2 どうなりたい？	フェーズ3 どう動く？
Deep Driver 突き動かす動機	Future 未来の方向性 Relation 豊かな関係性	Goal 真の目標 Action 効果的な行動 Habit 繰り返す習慣

最終的には、内省を深めるために行動することも大切です。

内省だけのメソッドでも、ただ目標達成するためのメソッドでもなく、これらを相互に影響させて、習慣にしていくことで、自己進化が続く動的なメソッドなのです。

本書は、3つのフェーズを細かくステップに分けて1つずつ解説とワークを示しています。その分複雑に見えますが、この手順にしたがって取り組んでいただければ、「このままの人生で本当によいのだろうか?」という迷いから脱し、「自分が何者で、どう生きたいのか?」が明確になっていきます。

自分の中に潜む汲めど尽きぬモチベーションから、人生をよくしたい、本気で輝いて、イキイキと自分らしく、楽しく生きたい、という、あなたと一緒に、気づきの旅を始めていきたいと思います。

習慣化コンサルタント　古川武士

2024年　秋

もくじ

ほんとうにやりたいことを言語化する方法

DEEP DRIVER

ディープドライバー

第1部

なぜ、ディープドライバーか？

第2部

あなたを突き動かす動機から始めるディープドライバーメソッド

第3部

本当に変わるには？ 人生が変わる習慣化

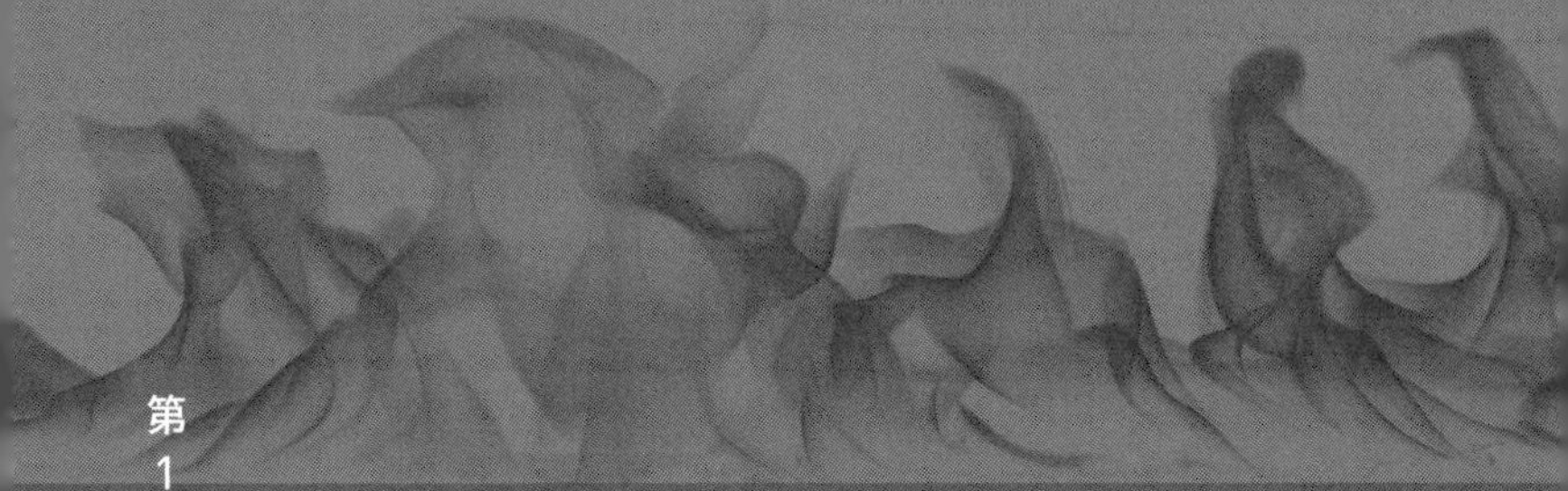

第1部

なぜ、
ディープドライバーか？

あなたを突き動かす動機の源泉、それがディープドライバー

本当にやりたいことを言語化する一丁目一番地が、ディープドライバーです。本章では、なぜ、このディープドライバーが大切なのか？　そもそもディープドライバーとはどういうものなのかを探究していきたいと思います。

「ディープドライバーとは、あなたを突き動かす動機の源泉」です。

ディープドライバーから生まれた動機によって何かに取り組んでいるときは、そのことに夢中になり、没頭し、あなたは「やりたいことができている！」と感じます。

あなたが本当に欲しいのは、やりたいことそのものではなく、自分の内側にあるイキイキとした情熱を感じて生きることではないでしょうか？

その心のイキイキとした状態は「やりたいことが見つかったら」手に入ると思って、やりたいこと探しをしているのではないでしょうか？

だからこそ、これから手をつける自分改革の一丁目一番地は、やりたいことを見つけることではありません。最初にやるべきは、転職でも、独立でも、副業でもなく、ディープドライバーとつながることなのです。あなたを情熱的にさせるディープドライバーという動機の源泉につながることで、あなたの心は情熱に溢れ、やる気に満ち溢れます。その結果、やりたいことも自ずと見つかっていくのです。

もちろん、ディープドライバーを探った結果、職場や職種、環境を変えることもあるでしょう。最終的に居場所を変えることになっても、まず初めに、今の状況の中で、あなたの内側にあるイキイキとした情熱とつながることから始めていくことを推奨します。

そこから必ず、あなたにとって最適な未来の方向性が描かれていきます。

やりたいことは変わるが、源泉は変わらない！

松尾芭蕉の提唱した概念に「不易流行」という言葉があります。意味としては、いつまでも変化しない本質的なものを大切にしつつも、時代に応じて新しいものを取り入れていくことの重要性を説いています。

人生も仕事も似たところがあり、自分の不易となる変化しない本質的なものを持ちながらも、運命や偶然の出会いによって、やりたいことは「流行」していくものなのです。

この不易となる変化しない本質的なものが、すなわち、ディープドライバーです。

いったい、どういうものなんだろう？　とまだ納得できない方もいらっしゃるでしょうから、ここから少し具体的にお話ししていきます。

誰しも、幼少期から老齢期まで変わらない、その人なりの本質的な動機があるものです。たとえば、「挑戦する」というディープドライバーを持っている人は、小学生から80歳になるまで変わらず、「挑戦する」ことに動機の源泉があります。もちろん、その時々で、小学生の頃ならば、裏山に友達と探検に出かけること、高校生ならば、難関校を受験することかもしれません。30歳なら起業に挑戦することかもしれませんし、70歳なら百名山を登ることに挑戦の軸が変わっていくかもしれません。

ここで大切なことは、「挑戦する」という**「不易」の動機と、やりたいことという「流行」で人生はつくられていく**ということです。

たとえばAさんは、ITエンジニアとして活躍したのち、経営企画に変わり、MBAをとりに海外留学。帰国後、スタートアップの会社のCTOとして転職して会社の成長に貢献。その後、コンサルタントとして独立して中小企業向けのコンサルティングを行っています。

その時々で、やっていることは、「ITエンジニア、経営企画、MBA、スタートアップ企業の役員、ITコンサルタント」と変わっているのですが、「問題を解決する」「エンジニアリングする」「チームで仕事をする」「学ぶ」というディープドライバーの動機が原動力となってキャリアを選択しています。
それは多くの場合、無意識で、直感にしたがった結果です。

目の前に乗っていけるキャリアが現れ、明確にこれだ！　という感覚がある人はわざわざ、ディープドライバーを言語化する必要はありません。

一方で、これからどうしたいのかわからないという人は、**動機の源泉を言語化すると、自分の心の原理がわかり、やりたいことが見えていきます。また、日常が慌ただしく自分を見失うときにも、判断に迷ったときにも、本書で行う本当にやりたいことを言語化しておくことで、そこに立ち戻ることができます。**そして、その言語化したものを見れば、いつでも内側にあるイキイキとした情熱を取り戻すことができます。

やりたいことは、年齢によっても成長ステージにおいても変化していくものです。
一方で、あなたを突き動かす動機であるディープドライバーは、変わることのない、根源の動機です。
それは、強烈な衝動であり、あなたを夢中にさせ、没頭させ、無限の意欲を湧き上がらせる動機の源泉です。やりたいこと探しという流行（変わるもの）ではなく、動機の源泉という不易（変わらないもの）を中心に据えることで、今が充実し、自分の生きたい人生、成長する自分、情熱を傾けられる仕事が手に入ります。

今の時代、同じ会社でずっと同じ職種、立場ということのほうが圧倒的に珍しいでしょう。これからの時代はますますキャリアも多様化していきます。その度に「私がやりたいことは何か？」と自問自答することになるでしょう。

本書では、まずはあなたの中にある「コンパス」を言語化し鮮明にします。内なる動機はどこに向かうことを指し示しているのか、という反応を受け取りたいからです。

これからの時代、絶対に欠かせない「自分の選択基準」

今は、迷いの時代、どう生きていけばいいかわからない混迷の時代なのではないでしょうか?

メディアでも会社の研修でも、「自分がやりたいことは何か?」「どういう人生を生きたいのか?」と問われることが圧倒的に増えてきました。

ところが、個人レベルで言えば、この問いに答えることは簡単ではありません。答えは一人一人異なり、自分の内側にしかない分、自らで探求するしかありません。

今、私が本書を書こうと思ったのは、今の日本に起きている社会の課題、個人の課題に対し、ディープドライバーを見つけることこそが本質的な解決になるだろうと考えたからです。

社会的価値が明確だった時代の少し前の世代は、同じ方向を向いて、みんなで走ればすみました。終身雇用、年功序列、安心の社会保障の上で、がむしゃらに同じレースをしていけばみんなが豊かになれる時代でした。

たとえば、一流大学に入り、女性は子育て、男性は会社で出世、定年後はリタイアして余生を楽しむ、というように、社会で価値ある生き方のお手本のようなモデルが存在しました。

ハードワークで会社人間、就職した会社で一生を生き抜くのは大変ではありますが、生き方、働き方に迷うということは少ない時代でした。レースのルールが決まっているので、あとはただ、いかに速く走るか、成長するか、出世するかという単純な価値観の上を歩めばよかったのです。

ところがもはや、一流大学に入り、一流企業に入社して、出世をして、定年退職したら安心の老後、リタイア生活が待っている、というモデルはありません。

いい大学に行くことイコールいい会社に入ることでなくなり、そもそもいい会社に入ることが誰にとってもいいこと、とはなっていませんし、百歩譲って、それが最良の道だとしても、では、いい会社とはどんな会社かとその定義を問われたとき、安定や保障がない今の時代、それが企業規模で測れるほど単純ではありません。

さらに、新卒採用で総合職が一般的だった時代と違って、大企業でもジョブ型採用が増えています。学生時代に何をするかを決めておくことが求められます。

キャリアにおいて転職は複数回していくことが当たり前になり、副業まで解禁されてきました。女性の社会進出は進み、男女とも独身で過ごす人も増え、子供を持たない生き方も珍しくなくなりました。家族のつくり方ひとつとっても多様な選択肢があります。さらに人生100年時代。寿命が延びることで、生き方の前提が変わってきています。

自由なライフデザインができる反面、多様な選択肢があるほどに、人は迷うものです。『選択の科学』（シーナ・アイエンガー　文藝春秋　2010）によると、選択肢が多いと間違えるリスクを恐れて無難なものを選ぶという法則もあります。


このときに明確にすべきは、「自分の選択基準」です。

「自分はどうしたいのか？」という基準を持っていなければ、決めることができません。


「自分は何がしたいのか？」

「どうなりたいのか？」

「自分にとっての幸せとは何か？」

「自分の成功とは何か？」

これらは、その人自身が、自分なりの答えを出していくことです。自分が何者で、どう生きるか？　は哲学的なテーマです。「科学」には正解がありますが、「哲学」には正解はなく、問いと探求があるだけです。幸せの基準、意味・意義の基準、目的、価値はすべて、人それぞれの独自基準なのです。

今の若い人たちが、会社に入っても定着せずに離職する理由に、「早く何者かにならなければいけない」という焦りがあるといいます。漠然とした不安と焦燥感から次の会社を目指すといいます。社会保障制度では守られないし、会社もずっとは雇ってくれない。今の自分が確実に何者かになれるという実感がほしくて仕方がないからだと聞きます。

一人一人が生き方、働き方を自分でデザインする時代、「つくられるキャリア」から「つくるキャリア」の時代に転換しました。これからの時代、自らが人生のオーナーになってライフデザインをしていく必要があります。この迷える時代に、ディープドライバーを明確にすることが大切だと思って本書を書くことにしました。

ディープドライバーと似て非なるもの

さて、ディープドライバーと言われても、まだ、わかったようでわからない、もやもやした状態だと思います。そこで、ここからは、承認欲求とはどう違うのかということや、一時的なモチベーションや好奇心、強みや才能との違いも明確にしていきたいと思います。

ただし、解説だけですべてを説明しようとすると、1冊の心理学書になります。重視したいのは、実際に自分を探求し、人生をデザインし、行動して変わっていくことです。よって、難しい定義化は脇に置いておきます。自己の深い探求により、よりよい人生を生きることが目的ですので、「ディープドライバーと似て非なるものから迫り、何がドライバーなのかを知っていく」というスタイルで、5つの視点から見ていきたいと思います。

ざっくりそういうものかと頭で2、3割理解していただければ十分です。ワークをしながら本書を読み進んでいく中で、残りの7、8割は実感として理解できるようになります。

ディープドライバーと似て非なるもの①

強制力や義務感など外発的な働きかけがないと失速するやる気

× **強制力や義務感など外発的な働きかけがないと失速するやる気**（モチベーション2・0）
〇 **意味や意義、わくわくを感じる内側から湧き出るやる気**（モチベーション3・0）

モチベーション3・0という言葉は、アメリカの作家であるダニエル・ピンク氏の著書『モチベーション3・0　持続するやる気をいかに引き出すか！』で提唱されている概念です。

人間を動機づけるものを3つに分けています。

モチベーション1・0は、「生理的動機づけ」です。食欲、睡眠欲、性欲などの欲求から生まれるものです。寝たい、食べたい、恋愛したい、という衝動は、生理的動機づけの領域です。

モチベーション1.0

人間が生き残るための生理的な動因

人類の歴史がまだ浅い5万年前には生存のための生理的動因=第1の動機づけが人間のほとんどの行動を決めていた。

モチベーション2.0

アメとムチによる外発的な動機

特に過去200年の間、信賞必罰によるこの第2の動機づけ=OSを利用することは、世界経済の著しい発展にとって不可欠だった。

モチベーション3.0

ワクワクするような内発的な動機

いま活気ある社会や組織をつくるために、第3=学びたい、創造したい、世界をよくしたいという自発的な動機づけが求められている。

マネジメントオフィス桜田HPより引用

モチベーション2・0とは、「外発的動機づけ」です。褒められたい、叱られたくないという「アメとムチによって生まれるやる気、動機づけ」です。

モチベーション3・0とは、「内発的動機づけ」です。人生や仕事、自分のやっていることに意味や意義を感じたり、社会的な使命感、深い価値観に根差した活動ができたりするときに生じる動機です。夢中になれる、熱中できるという、自分の内側から湧き出る動機です。

本書のディープドライバーは、言わずもがな、モチベーション3・0の領域です。

ダニエル・ピンク氏は、「モチベーション3・0」は、「自律性」「熟達・成長」「目的意識」が動機の根源であることを提唱しており、私も共鳴します。しかし、さらに深くにある一人一人の「自らを突き動かす動機」はもっと多様性に満ちて、3つに集約するだけでは不十分です。

本書は、「自律性」「熟達・成長」「目的意識」を超えた、さらに深くにあるあなたが自らを動機づける動機の根源に焦点を当てます。それにあなたが気づき、言語化して、人生に生かしていくのが本書の役割だと考えて、この後のワークに取り組みたいと思います。

他人から褒められたり、評価されないとなくなるやる気

× **他人から褒められたり、評価されないとやる気がなくなるもの**
○ **自分が自ら進んでやっている最中に没頭感を得られるもの**

私は、「他人欲求」「自分欲求」と呼んでいます。左の表をご覧ください。他人欲求とは、人との関わりで得られる欲求です。承認欲求で、認められる、注目される、必要とされるなど、「〜される」と、表現できるものです。これらの欲求は、決して悪いものではなく、誰の中にも存在し、それを満たすことは重要なことです。

しかし、これを得たいがために行動をし始めると、不都合があります。「必要とされたい」という欠乏感が高まると、本当は嫌なことや嫌な仕事も、人の役立に立っている感を得ようと、本心、本音を後回しにして請け負ってしまいがちです。

	自分欲求	他人欲求
内容	自分の内面から湧いてくる欲求 「〜する」という能動態で表現	人との関わりから得られる欲求 「〜される」という受動態で表現
特徴	・自分でコントロールできる ・限界のない喜びを得られる ・変化しづらい	・他人からの反応に左右される ・不足すると渇望感に駆られる ・年齢や状態で優先欲求が変化する
キーワード	冒険する／知らない世界に出会う／刺激する／創造する／想像する／学ぶ／指導する／教える／探求する／影響する／努力する／コントロールする／突き止める／デザインする／整理する／収集する／貢献する／与える／世話する／観察する／説得する／勇気づける／動機づける／サポートする／教える／奉仕する／ひらめく／気づく／分析する／アイデアを出す／共感する／成長する／リスクを取る／行動する／変化する／支配する／達成する／感じる	認められる／褒められる／認知される／必要とされる／好かれる／愛される／癒される／守られている／尊敬される／尊重される／仲間とされる／感謝される／大切にされる／可愛がられる／望まれている／理解されている／注目される／分かち合う／聞いてもらえる／世話される／気にかけられる／共感される／憧れられる／称賛される／一番でいる／教えてもらう／若く見られる／気にかけられる／親切にされる／期待される／頼りにされる／喜ばれる

それでも感謝されているうちはいいのですが、相手が「やってくれて当然」という反応をするようになると、空虚感、無意味感に苛まれます。結果、他人軸でモチベーションが振り回されていきます。

また、承認欲求は「欠乏欲求」とも言われ、ある程度満たされるとそれ以上は動機が湧いてきません。食事や睡眠をイメージすると理解しやすいでしょう。この消滅する承認欲求をやりたいことの中心軸にすえると、周りに振り回され、一時的な喜び、承認に浸ることになり、本来その人の中にある力強いパワーは湧いてきません。

一方、自分欲求は、「〜する」という能動態で、「冒険する」、「分解する」、「収集する」などと表現できるものです。他人欲求のキーワードとの違いを感じてみてください。

他人欲求を求めてスタートしたものは、欠乏が満たされたらそこで終わります。自分欲求で始めたものは、無限の動機です。どれだけ追求しても終わりはありません。他人ではなく、自分の内側に動機の源泉があるからです。

自分欲求こそ、ディープドライバーです。**動機は動詞で表現する**とわかりやすいものです。また、後ほどご紹介します。

ディープドライバーと似て非なるもの③

一時的な好奇心や新鮮さ、変化だけで、すぐに飽きるもの

× 一時的な好奇心や新鮮さ、変化だけで、すぐ飽きるもの

○ 一時的な活動ではなく、長く活動の根底の動機として存在するもの

わくわくするから、やってみるけど、一時的でやる気が続かないことはありませんか？ディープドライバーと似て非なるものの3つ目は、一時的な好奇心や新鮮さ、変化を味わう刺激など一時的にしか続かないやる気や動機です。

実際の事例を用いて紹介しましょう。習慣化の学校に参加された最高齢75歳の三宅隆宏さんの例です。三宅さんは、１００歳を見据え、次の25年間のやりたいこと探しに取り組みたいということでした。高齢ながら凄まじいバイタリティで、山登り、油絵、水泳、英会話、習字、実に多くのことにチャレンジしています。しかし、私への相談の悩みは、新しいことを始めるのはよいけれど、すぐに最初の新鮮さは消えてしまい、何をやっても続かない！　ということでした。

やりたいこと、生きがいを見つけるということは、単なる「事」を見つけることではあ

りません。むしろ、どんな動機が刺激されるとやる気がずっと湧き続けるのかを知ることです。

三宅さんは、ディープドライバーメソッドで、自分自身の動機を探求した結果、「TRY（新しいことに挑戦する）」という言葉が出てきました。

まさに「TRY（新しいことに挑戦する）」という言葉こそ、三宅さんの人生の中核を表現するディープドライバーです。

先ほどの山登り、油絵、水泳、英会話、習字など実に多くのチャレンジは、「TRYする」こと自体がドライバーなのですから、挑戦度が下がったら飽きてくるのは当然です。

三宅さんの幼少期の遊び、やんちゃな生活、投資、事業、多数の趣味。なぜやっているかといえば、常にTRYしたい！　挑戦していたい！　というドライバーからです。これが理解できると、継続的な挑戦ができるテーマを見つけることが大切だとわかります。

百名山を登り切るというのは挑戦の継続性があり、三宅さんのライフワークになっています。また、日々新しい人に会い、インタビューをするYouTubeでの毎日配信も同様です。

ディープドライバーが何かが定義できると、どうすればそのドライバーが刺激され続けるかを考えることで、ライフワークが見えてくるのです。

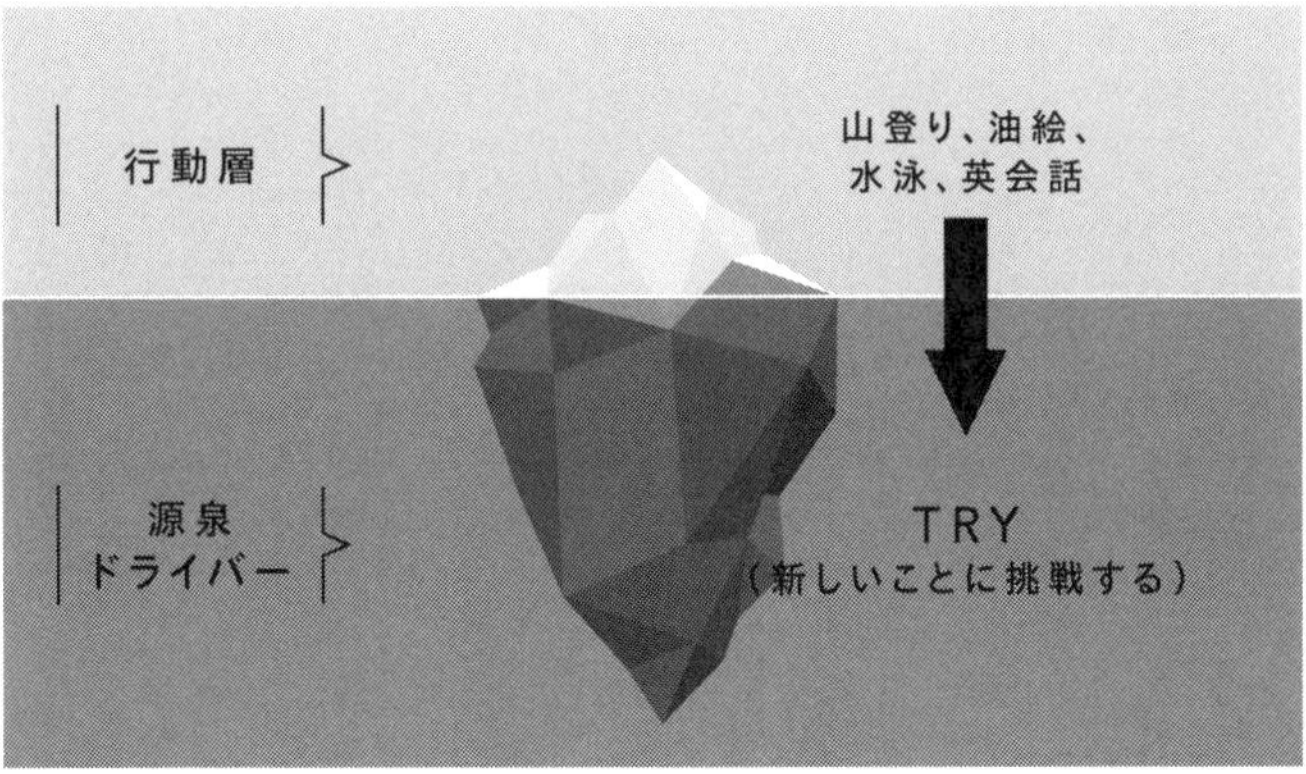
行動層
山登り、油絵、
水泳、英会話
源泉
ドライバー
TRY
（新しいことに挑戦する）

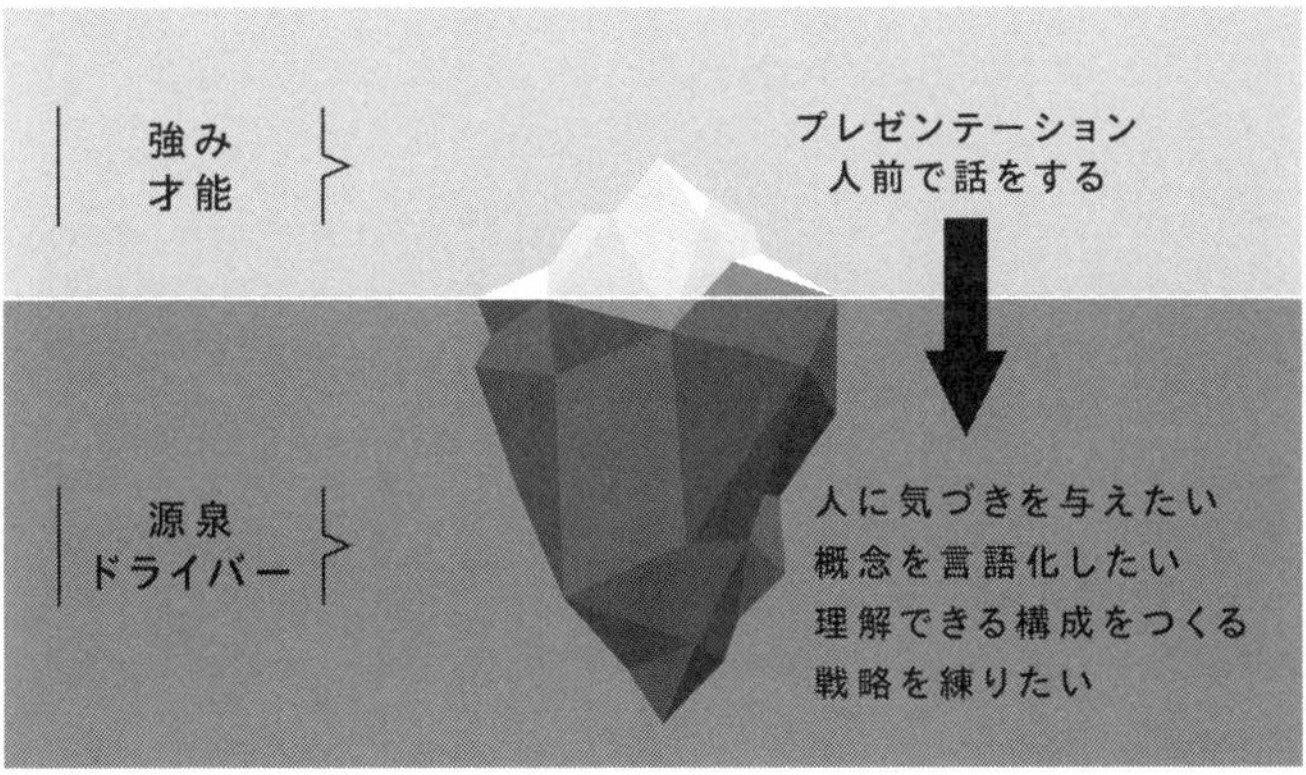
強み
才能
プレゼンテーション
人前で話をする
源泉
ドライバー
人に気づきを与えたい
概念を言語化したい
理解できる構成をつくる
戦略を練りたい

強み、才能と評価されているが、やっていて疲れるもの

× 強み、才能と評価されているが、やっていて疲れるもの

○ 強みの根底の動機として存在するもの

4つ目に、ディープドライバーと似て非なるものは、強み、才能と評価されているが、やっていて疲れるものです。

あなたが、他人から強みと言われることはどんなことですか？　それが必ずしもわくわくしない、熱中できないことだとすると、それはディープドライバーではありません。

たとえば、私は、職業柄、「人前で話すこと」が強みだと言われることが多いのですが、正直、人前で話すこと自体が好きなわけではありません。一番嫌いなのは、飲み会の挨拶や締めの言葉です。年間100日も講演をしていると表面的に捉えれば、人前で話をするのが好きで、外向的な人間かのように思われます。しかし、私自身は内向的で、本を書くなど一人で作業をしている時間が大好きなのです。

強みだと言われている、「人前で話すこと、プレゼンテーション」は、それ単体ではドライバーではありません。もし、強みや才能があると言われる分野があり、でもそれが疲れたり、好きではないとしたら、前のページの図を参考に、次のように分析してみてください。

つまり、**「プレゼンテーション、人前で話をする」という行為の下にあるディープドライバーを探るのです。**たとえば、私の場合は、「人に気づきを与えたい」、「概念を言語化したい」、「理解できる構成や戦略を練りたい」「その内容を共有したい」というのがディープドライバーになります。

ですから、「オリジナルな内容を考えて、それを共有し、気づきを提供したい！」この要件を満たすプレゼンテーションは大好きですが、飲み会で儀礼的な挨拶をしたり、盛り上げるために締めの言葉を言うのは、なるべくなら引き受けたくない仕事の1つなのです。

あなたの場合はどうでしょうか？　あなたが得意だと思われてやっていることの裏にあるテーマを見つけてみましょう。自分自身のディープドライバーを見つけていく方法は、フェーズ1のワークで詳しくやっていきます。

過去の体験の最奥に共通項が見つからないもの

× 過去の体験の最奥に共通項が見つからないもの
○ 過去の熱中体験の中には、必ず入っている動機

最後の、ディープドライバーと似て非なるものは、最奥に共通項がないものです。

たとえば、趣味で、「スキューバダイビングをする」人はアウトドア好き、「ジョギングをする」人は体を動かすのが好きな体育会系、と判断しがちです。

しかし、本人の活動を支えるディープドライバーは全く違うものだったりします。スキューバダイビングをする人がアウトドア派とは限らないのです。


具体的にどんなシーンで何にわくわくするのかを聞いてみると、

「沖縄の慶良間で潜ったときに、水深15メートル付近から、ウミガメが水面に向かって上昇していくのを下から見て感動した。同じダイバーが10名ぐらいいて、海は透き通り、鮮やかな太陽の光で照らされていた」

という答えが返ってきました。
海中散歩による「非日常性を感じる」刺激によって続けているということになります。すると、「非日常性を感じる」ということがディープドライバーであることが見えてきます。この方にとって、「非日常性を感じる」という動機は、子供の頃も大人になっても、旅行、キャンプ、引っ越しなどに共通したディープドライバーでした。

このようにディープドライバーは、**わくわくした体験の中に共通して存在するもの**です。大人になってやっていることの分析だけではなく、子供の頃の体験にある動機の源泉を見ていくほうが見つかりやすかったりします。さらに、動詞で表現すると見つかりやすくなります。これについては、次の項でお話しします。

さて、5つのアングルから見てきましたが、なんとなくディープドライバーとは何か、つかめましたでしょうか？

なんとなく、わかった気がする！　ということであれば、先に進んでいきましょう。

ディープドライバーは、自分発、他者行きの動機

ここで、私がディープドライバーの説明をするときに使う「2人のカブトムシ名人」のたとえ話をしたいと思います。

A君は、夏休みになるとカブトムシを裏山に採りにいきます。その帰りに公園に行くと、同級生の友人達が、たくさん採れた虫かごのカブトムシを見て、「すごい!」「欲しい」と言い、人気者になります。虫かごのカブトムシはすぐに売り切れです。人気者になれることが嬉しくて、来る日も来る日もカブトムシを採りにいきます。

しかし、夏休みも後半になると、みんな、カブトムシに見慣れて興味を失い、公園に行ってもA君の虫かごに集まる友達はほとんどいなくなりました。A君は、誰も見向きもしてくれなくなったカブトムシ採りに虚しさを感じ、やる気を失い、止めてしまいました。

B君も、カブトムシを裏山で採る名人です。裏山に入る前にカブトムシの図鑑を見て

「調べる」のが好きで、どういう蜜をどんな木に塗り、何時ごろ採りに行くとたくさん採れるのかを、「研究する」、「調べる」、「作戦を立てる」、「実験する」のが大好きです。

B君も、近くの公園に行くと、友達がカブトムシ名人だと褒めてくれ、分けてほしいと言われるので、気前よく分けてあげます。A君と同じです。


さて、違いが表れるのは、夏休みの後半です。A君の場合と同様、友達はもう、B君のカブトムシには見向きもしなくなります。けれども、B君のカブトムシ採りは続きます。B君は、みんなに褒められるという承認欲求から採りに行くのではなく、「研究する、調べる、作戦を立てる、実験する」というディープドライバーからカブトムシ採りをしているからです。

もちろん、B君も、褒められたり求められることは嬉しいのですが、カブトムシ採りにおいてそれらは二次的な喜びです。一次的な喜びは、「調べる、研究する、作戦を立てる、実験する」というディープドライバーによって満たされているのです。


些細なカブトムシの話ですが、動機の出発点の違いが明確になりましたでしょうか？

さて、B君の話は実話です。ゲーム開発のエンジニアをしている人から小さい頃の思い出として聞きました。その人は現在、ゲーム開発エンジニアという、「研究する、調べる、作戦を立てる、実験する」というディープドライバーを満たすような仕事をして働きがいを感じています。

好きなことで生きている人は、努力することが苦にならないというのは、B君と同じ動機の順番で動いているからです。

では、自分のディープドライバーは、何だろう？　そう思った方は、次の表をご覧になってください。この中に、あなたがワクワクする体験の共通項はありませんか？

このように、ディープドライバーは、動詞から探ると言語化しやすいものです。ご覧になるとおわかりのように、受動態ではなく、多くの場合、能動態の動詞です。

ディープドライバー動詞（例）

冒険する	分析する	区別する	目指す
知らない世界に出会う	衝撃を与える	開発する	調べる
刺激する	共感する	決断する	助ける
創造する	おしゃれする	絵を描く	応援する
想像する	成長する	話す	支える
学ぶ	リスクを取る	聴く	計画する
指導する	行動する	励ます	準備する
教える	変化する	勇気づける	成し遂げる
探求する	支配する	書く	飛び出す
影響する	自由でいる	洞察する	進化する
努力する	運動する	発想する	変える
コントロールする	達成する	育てる	強化する
突き止める	目標を立てる	予想する	訓練する
デザインする	習得する	つくる	磨く
整理する	触れる	演じる	燃える
集める	思いつく	演奏する	盛り上がる
貢献する	体系化する	試す	楽しむ
与える	知る	研究する	笑う
世話する	改善する	開拓する	感動する
観察する	実験する	開発する	感激する
説得する	鍛える	発表する	感謝する
動機づける	自分を磨く	探検する	触れる
サポートする	引き出す	挑戦する	味わう
協力する	感じる	発見する	見る
奉仕する	考える	探す	記録する
ひらめく	組み立てる	改善する	描写する
気づく	料理する	突破する	表現する
アイデアを出す	愛情を注ぐ	飛び越える	エキサイトする
独創性を発揮する	手伝う	進む	沸き立つ
新しいものに触れる	卓越する	続ける	高揚する
神聖さを感じる	熟練する	突き進む	勇気づける
成長を促進する	工夫する	乗り越える	楽しませる
人と人をつなぐ	言語化する	突き抜ける	喜ばせる

ディープドライバー発見の5つの効用

では、ディープドライバー発見の効用をここでまとめておきます。

効用1　真の理想、目標、やりたいことが見つかる

「お菓子をつくる」「人を喜ばせる」がドライバーだとわかっている人が、お菓子でできた花束を見つけたとき、自分もこういうことができたら最高だなと思って、趣味でつくり始めたら、それが高じて、小さなネットショップを始めました。やりたいことが見つかっていくのは、こんなプロセスです。

真の理想、目標、やりたいことが見つからない原因は、動機の源泉をつかめていないことにあります。外界の探求ではなく、内なる動機を探しましょう。

効用2　強み・才能の原石が見つかる

今、強みや才能が自分にはないと感じている方も、まずはディープドライバーを見つけましょう。

私は、著者という人生を決めて、15年間で、24冊、120万部になり多くの方に読んでいただいておりますが、今でも「気づく」「言語化する」「体系化する」ことがドライバーで、「書く時間」は熱中体験です。思えば、そのドライバーから、大学時代にも日記を書いたり、考えを図にしたりしていたものでした。それが職業に生かせることになるなんて想像だにしませんでしたが。

強み・才能の原石は、まだ光っていないだけで必ずあなたの中にあります。その多くは熱中体験を生み出すディープドライバーです。強み・才能の原石を見つけて明確にしましょう。そして、強み・才能と言えるところまで、継続によって磨くのです。継続の仕方とはすなわち、習慣化。私の専門分野です。本書の後半でご紹介します。

効用3　結果に関係なく、プロセスで充実感を感じる

昨今、ウェルビーイング（幸せ）が叫ばれていますが、ディープドライバーに触れる活動を仕事やプライベートでやっている人は、ウェルビーイングの度合いが高くなります。ディープドライバーに触れているとき、人は夢中になり、没頭し、結果よりプロセスから、その充実感を得られます。ディープドライバーを明確にしたら、日々15分でいいので、その熱中、夢中体験を生活の中に組み込みましょう。生活が圧倒的に豊かになります。

効用4　他人軸ではなく、自分軸が明確になる

他人からの承認や評価は重要です。けれども、上司が変わったり、会社の方針が変わったり、部署が変わったりすると認められなくなって、意味や自己肯定感を失う場合もあります。これは他人軸で振り回されている状態です。

自分軸とは、ディープドライバーを起点に動くことです。この動機で動いているとき、心に安定感と充足感が同時に訪れます。不安や他人からの目が気になりすぎる人は、自分

軸であるディープドライバーによって、自分の心に安定をつくり出せるでしょう。

効用5　結果的に評価され、承認欲求も満たされる

自分のためだけに頑張れないという方もいらっしゃるでしょう。喜ばせたい、貢献したい、応援したい、相手の反応こそ本当に深い感情のディープドライバーだという方です。

私が気に入っている天職の定義は、**「天職とは、他人のために、自分のやりたいことをやること」**。私はまさにこれがピッタリだと思います。

まずは自分を突き動かす動機、それが相手を喜ばせるということであれば、喜ばせる企画を立て、笑顔を想像して準備する、そのプロセスが楽しいのです。

もちろん、実際、無反応ならやる気を失うでしょうが、結果、相手が喜んでくれ、泣いてくれたりなんてしたら、寝ないで準備してよかった！　と、疲れが吹き飛び、報われる気持ちになるものです。

ディープドライバーで活動した先にいる受け手の笑顔により、他人欲求が満たされるのが理想的です。また、これは後ほど詳しく書きます。

ディープドライバーにつながるための12のマインドセット

ディープドライバーを見つけてそれにつながっていくには、内省と探求が鍵となります。ただ、内省と探求と言われても普段慣れていない人にとっては、コツが必要です。そのとき、マインドセット、考え方が非常に大切になります。

ディープドライバーを見つけてそこにつながっていく旅に先立って、12のマインドセットを紹介しておきましょう。

1　外ではなく、内側を見ていこう

メーテルリンクの童話「青い鳥」は、一番近くに幸せがあったという話です。同様に、やりたいことを見つけたいならば、外を探すのではなく、まずは自分の内なる動機を見ることです。

何が好きか、情熱に火をつける動機は何か？　徹底した自己理解、自己認識が鍵となります。

2　結果ではなく、気づきを大切にしよう

どの会社を選ぶか、転職するか、留学するか、副業、起業するか、どんな資格をとるか？　という結論をすぐに得たいと焦ります。しかし、やりたいことが「見つかる」という「結果」のためには、「探す」というプロセスを踏む必要があります。人生を変えてくれるのは、気づきと行動です。

3　考えるのではなく、感じよう

ＥＱ（心の知性）という概念を提唱した心理学者のダニエル・ゴールドマンは、「心には、頭では理解できない知性がある」と言います。まさにやりたいことは、心の知性を高めることで見えてきます。感じる知性が高まるごとにやりたいことは感知できます。

4　表面ではなく、深層を洞察しよう

表面的に出てくる出来事や言葉の深層を探ることができると、本当のドライバーが見つかっていきます。より深層に行くほど自分と人生はシンプルになっていきます。これからのワークは、深層を明確にしていくプロセスが大半を占めます。

5　徹底的に言語化しよう

やりたいことがわからないというのは、心の解像度が低いことを意味します。心の解像度を高めるには、徹底的に言語化することです。言葉にすることで、より鋭く、ピンポイントで考え、深く感じることができます。そして、未来に応用することができます。まずは言語化していきましょう。

6　自分を1枚に結晶化していこう

メタ認知とは、自分を俯瞰して客観視することです。メタ認知ができると、新しい解決

策、洞察、気づきを得ることができます。そのために、1枚の紙に自分をまとめることが効果的です。1枚にまとめると、全体を見渡すことができて、気づけることがたくさんあります。

7　内省と行動を循環させよう

「ともかく、具体的に動くことだね。いま、ここ、を具体的に動く——それしかないね。具体的に動けば具体的な答えが出るから」（相田みつを氏）。まさにこれが本質です。やりたいことを見つけるには、内省から始めるのですが、人に会い、調べ、試すという行動もしていかなければなりません。内省と行動は循環して進化していきます。

8　自己探求は、習慣にしていこう

自己探求と人生をどう生きるかという問いには終わりがありません。やりたいことで生きている人は、動機をより感知し、よりよい未来を見つけていきます。要するに一度やって終わりではなく、習慣にしていくことです。

9　統合性を持とう

統合性とは、矛盾がなく、ぴったり一致していることを意味します。頭で考える知性と心が動く感性と肚で感じる感覚が一致しているとき、人は納得して動くことができます。頭と心と肚がつながるには、違和感を感じ修正していく力が必要になります。その違和感を頼りに修正すると、統合性がとれ、頭―心―肚が納得した生き方になっていきます。

10　書くことを習慣にしよう

本書の前半は深いレベルの内省、後半は具体的な目標―行動―習慣で動いていくプロセスに移っていきます。深く考えて感じるために行動することを重視しています。そのために、日々書くことが重要になります。気づきを書き続けると、やがて目覚めにつながります。書くことを中心とした習慣を身につけていきましょう。

11　自分の持ち味を活かそう

人間は誰しもが唯一無二の、個性的な存在です。持ち味が全く違います。ディープドライバーを深掘りしていくと、人真似をするのではなく、自分の持ち味を活かすという生き方ができます。その結果、比較から生まれる劣等感、自己否定感から抜け出すことができます。最終的に持ち味を活かして、自分らしく生きていきましょう。

12　本当に大切なことを中心に生きていこう

「人生の目的は、幸せになること」と言ったのはアリストテレスですが、それには、自分にとって本当に大切なことを中心に生きることが必要です。その大切なことが不明瞭で、大切でないことに時間を使う人生から抜け出すことが、幸せな人生を生きる鍵となります。大切なことを中心に生きる習慣を身につけるには、あなたにとって本当に大切なことをまず言語化することです。

自己探求のプロセスでは、モヤモヤしたり、わからないという行き詰まりを感じたりするものです。そのときは、この12のマインドセットに戻ってきてください。心の解像度は少しずつ高まっていくのであり、急がず慌てず、楽しむことが大切です。

CASE 1

理想の会社でも価値が見出せなかった4年目からの転換

1　プロフィール

みきさん　大手食品メーカー　商品開発部27歳女性

大学卒業後、第一希望の憧れの大手食品メーカーの商品開発に就職。主に新商品の開発を手掛けています。

2　抱えていた問題

新卒で第1志望の会社、希望の部署に配属されたにもかかわらず、入社4年目になり仕事内容が向いていないと思うことが多く、「役に立てていない」「必要とされていない」という辛さを感じていました。

3　メソッドの取り組み

子供の頃のワークや日々書くことを通じて、自分のディープドライバーが「貢献する」「モノをつくる」「プレゼントする」だと気づきました。

「必要とされていない」「役に立てていない」ではなく、「自分にできる貢献をする」に目を向けるようになりました。もともと「必要とされたい」という他人欲求が、ディープドライバー「貢献したい」に気づいたことで、同じ業務でも人から言われてやるのではなく、自分から進んでやるという変化が生まれて、自分の感覚として役に立てていると思えるようになりました。

また、子供の頃の熱中体験も思い出しました。手づくりのキーホルダーやお菓子をプレゼントするのが好きだったものです。ものづくりが自分にとってわくわくだということに改めて気づき、趣味でハンドメイドを始めました。

4 その後の変化

受け身だった姿勢から、「貢献する」をドライバーにすると、どんどん周りに働きかけるようになり、先輩方からも頼られていると自分で感じられるようになりました。たとえば、得意だと感じる業務（資料作成）については自分から進んで仕事をもらいにいくようにすると、上司や先輩から、心からのありがとう！　が返ってきました。結果、「役立っている」という実感も得られて、「これぞ私！」という感覚になりました。また、向いていないと思っていた業務（製品開発）も、自分らしいものづくりができるようになり、楽しさを感じられるようになりました。

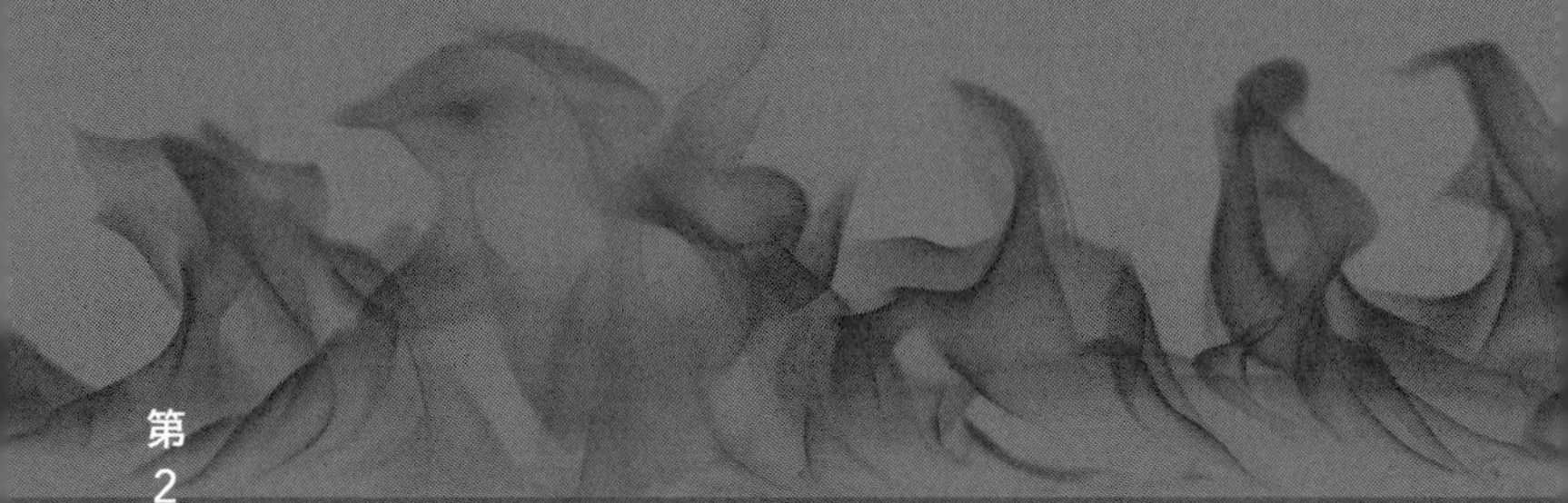

第2部

あなたを突き動かす動機から始める
ディープドライバーメソッド

ディープドライバーメソッドの全体像

それでは、本書のディープドライバーメソッドの全体像を解説します。3つのフェーズは、「何がしたい?」「どうなりたい?」「どう動く?」というテーマで分けています。

ここからは、ステップも多いので迷子になったときは、このページ（詳細は270〜271ページの全体メソッド図）に戻ってきてください。

フェーズ1　何がしたい？（Deep Driver）

最初に行うのは、「あなたを突き動かす動機」を見つけ、それを言語化すること。汲めど尽きぬモチベーションの源とつながることであり、本書の一番の中心テーマです。ディープドライバーを言語化できれば、あなたは、他人軸ではなく、自分軸で生きることができます。このフェーズで明確にした言葉は一生の財産になります。

Deep Driverメソッド		
フェーズ1 何がしたい？	フェーズ2 どうなりたい？	フェーズ3 どう動く？
Deep Driver 突き動かす動機	Future 未来の方向性	Goal 真の目標
	Relation 豊かな関係性	Action 効果的な行動
		Habit 繰り返す習慣

フェーズ2　どうなりたい？（Future/Relation）

ディープドライバーが明確になったら、それを核として、どんな理想の人生を歩みたいか、それを誰と育みたいかを描いていきます。「Future（未来の方向性）」、「Relation（豊かな関係性）」の2つを明確にし、理想の、未来の地図を描いていきましょう。

フェーズ3　どう動く？（Goal/Action/Habit）

最後は、行動です。フェーズ1と2が内省ならば、フェーズ3は実際に動くことです。行動と内省は相互に循環して進化していきます。そのためにはきっかけとしてフェーズ2の理想から「目標」を立て、効果的な「行動」を明確にして、「習慣」を重ねていくプロセスを経ていきます。

Goal（真の目標）・Action（効果的な行動）・Habit（繰り返す習慣）です。

まずは読んで全体イメージを持ち、その後、ワークに取り組むことをお勧めします。

フェーズ1

何がしたい？

ディープドライバーを見つける

Deep Driverメソッド		
フェーズ1 何がしたい？	フェーズ2 どうなりたい？	フェーズ3 どう動く？
Deep Driver 突き動かす動機	Future 未来の方向性 Relation 豊かな関係性	Goal 真の目標 Action 効果的な行動 Habit 繰り返す習慣

ディープドライバー発見の3ステップ

このフェーズ1では、あなたを突き動かす動機＝ディープドライバーを発見していくための3ステップをご紹介します。一番の主題となるパートなので、ボリュームも多くなっています。

すでに書いたようにディープドライバーが見つかれば、やりたいこと探しの7割は終わったようなものです。

このディードライバーを見つける3つのステップは、それぞれボリュームがありますが、ライトに始めて、少しずつ精度を高めていくことをお勧めします。

一番大切なポイントは、完璧にやろうとせず、楽しんで取り組む！　ことです。たった1つのキーワードを言語化できるだけで、66〜67ページのみきさんの「貢献する」の例のように、あなたの働き方、周りとの関わり方が変わり、自己評価すら変わっていきます。楽しみながらやっていくことで、たくさんの発見が生まれます。

ステップ1　抽出する

まず、動機の源泉を明確にするには、多岐にわたる興味や過去の体験などを拾い集めていくことが大切です。ここで幅広く興味・経験を見つけられた分だけ、その深層にあるディープドライバーに行き着く可能性が高くなります。

ここでは、それを5つの発見法で探っていきます。

ステップ2　言語化する

次に、抽出した体験と興味を元に、その源泉を見つけるために言葉を磨いていきます。ステップ1で出てきたキーワードはダイヤモンドの原石です。この原石を5つの言語化の技術で磨いていくのです。ここは少々骨が折れますが、原石をダイヤモンドに変えるために時間をかけたいところです。

このプロセスで言語化の精度を高めると、「そう！　これこれ！」とディープドライバーに対する納得感が断然変わってきます。

ステップ3　結晶化する

最後に、言語化したディープドライバーとそれを象徴するビジュアルを1枚にまとめていきます。ステップ1と2で動機の源泉となる体験を広く集めて、その最奥にある動機を言語化して深めて、最後は中核となるものを結晶化していくのです。（ゴールイメージが欲しい方は、136〜137ページの4人の事例をご参照ください）

これから、3つのステップごとに詳しく述べていきますが、まずは楽しんでざっくり読んでください。そうやって全体感を理解した上で、ワークに取り組むほうが取り組みの質も向上します。読むだけでいくつも言語化できていくでしょう。

初級コースとしては読むだけ、中級コースは気に入ったワークに取り組む、上級コースはすべてのワークにガッチリ取り組むという取り組み方で、強弱をつけてください。

実践ワークを読み終えた後に取り組めるよう、本書のメソッドは、巻末にすべて体系的にまとめています。左の図のステップ2と3は、私自身の例です。

取り組むレベルはあなたご自身の課題の緊急度や納得度で決めてください。

Driverを見つける3ステップ	
ステップ1 抽出する 5つの発見法	
ステップ2 言語化する 3つの言語化	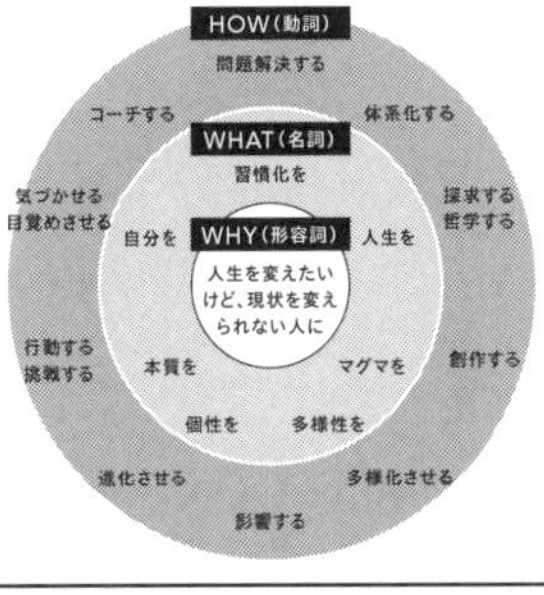
ステップ3 結晶化する 1枚にビジュアル化	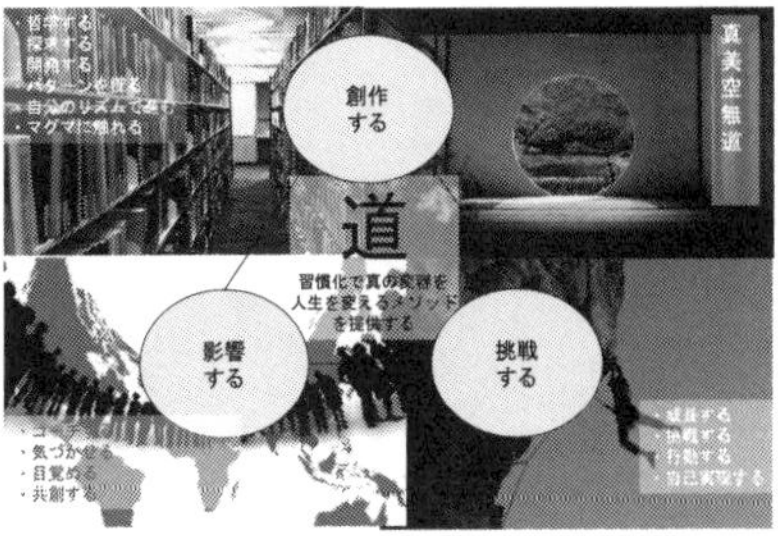

ステップ1

5つの発見法から書き出す
抽出する

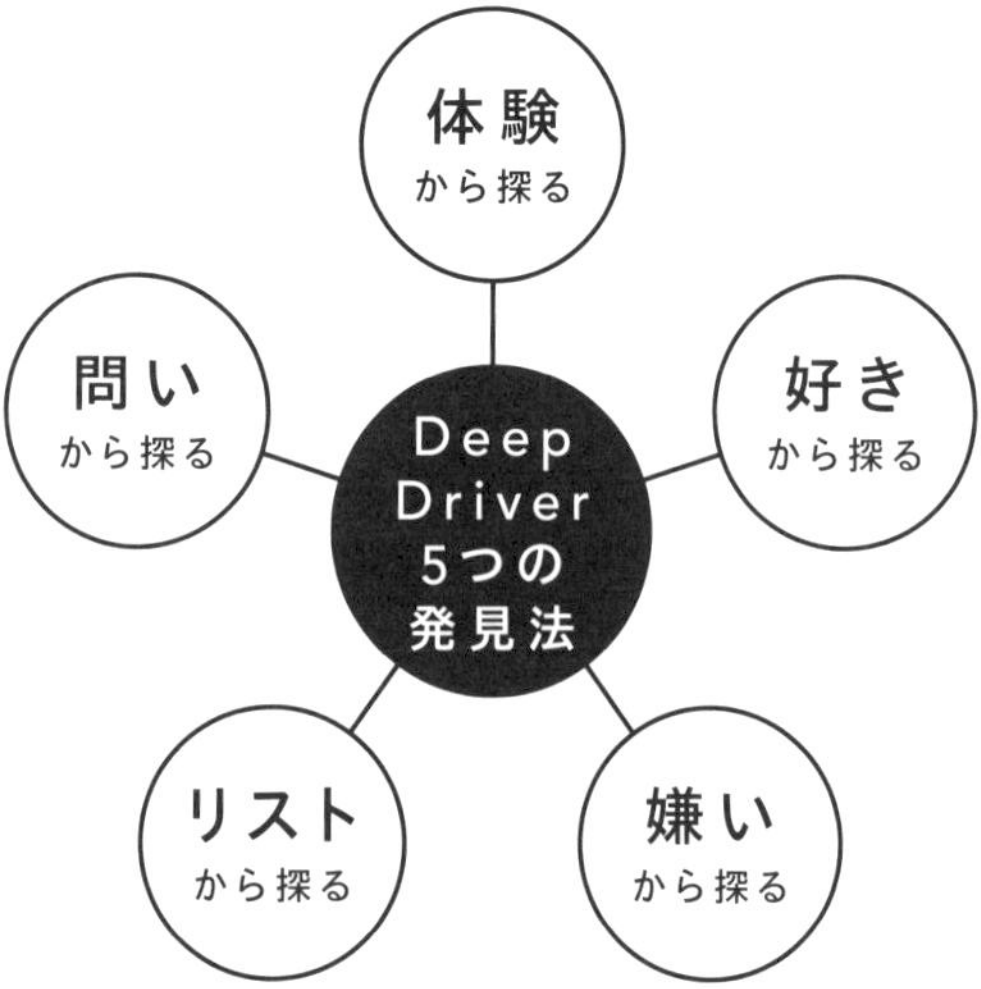

ディープドライバーは、過去にあなたが夢中になったこと、没頭した体験の中にあります。

よって、熱中体験、没頭体験、幼少期の体験、偏愛的に好きなことなどを幅広く抽出することから始めていきましょう。それらの体験の何が自分を夢中にさせたのか、没頭させたのか、熱中させたのか、幼少期の熱中体験にもあなたを突き動かす動機が今と同じように眠っています。

ポイントは、体験しただけで、それを深掘りして何がディープドライバーかを言語化したことはないものである、ということです。通常は、洞察、言語化しなければ、共通項も見えてはきません。

このように、ステップ1では、まず、ディープドライバーの原石が眠る体験や興味を幅広く探っていきます。

まずは、多様な視点とアプローチでディープドライバーに行き着けるように、「5つの発見法」を紹介します。

発見法❶「熱中体験」から探る

発見法❷「好き」から探る

発見法❸「嫌い」から探る

発見法❹「リスト」から探る

発見法❺「問い」から探る

多面的に探ったほうが、幅広く、さまざまな視点から探っていけるものですが、自分に合った方法でアプローチすることが一番のポイントです。

まずはすべて軽く試して相性のよいアプローチで深掘りしてみてください。

それではこれから、それぞれの発見法について、ざっと説明していきますが、くれぐれも、ちゃんとやらなきゃなどとは思わないでください。「とりあえずやってみるの精神」で楽しみながら取り組んでみましょう。

第 2 部
あなたを突き動かす動機から始める ディープドライバーメソッド

「熱中体験」から探る

発見法❶は、**「熱中体験」（没頭、夢中、熱中、熱狂）から探るアプローチ**です。

心理学者チクセントミハイの「フロー体験」（没頭体験）が有名ですが、あなたが「没頭、夢中、熱中、熱狂」の体験の中にあると感じているときというのは、まさにディープドライバーに触れているときなのです。

魚釣りに夢中になる人もいれば、小説を読むのに没頭する人もいます。プラモデルづくりに熱中する人もいれば、ロックバンドの活動に熱狂する人もいます。

「没頭、夢中、熱中、熱狂」の対象が違うのは、ディープドライバーが違うからです。これらの体験をまずは探っていき、その中に眠るディープドライバーに迫っていきましょう。

1　幼少期の熱中体験から探る

ディープドライバーの原石が詰まっているのは、熱中体験の中でも特に、幼少期の熱中体験です。もっとわかりやすく言えば、「小学生の頃の熱中体験」です。

こう言うと、「小学生の頃に熱中したことなんてもう覚えていない」と言われることがほとんどですが、記憶の深い部分に埋もれていて思い出すきっかけがないだけです。しっかり思い出していくと出てくるのですが、なぜ小学生の頃なのかという理由が明確でなければやる気になれないと思うので、少し解説します。

一言で言えば、純粋なディープドライバーで何かをした経験が一番詰まっているのが小学生時代だからです。

中学生、高校生、大学生の熱中体験も参考になるのですが、この時期になると徐々に、他人からどう見られるか、モテるか、かっこいいとか可愛いとか思われるかどうか、という他人欲求、承認欲求から動くことが増えてきます。純度の高いディープドライバーは、小学生の頃の熱中体験、当時好きだったことに眼を向けると、高い確率で見つかります。

たとえば、私の場合、今でも熱中体験として印象に残っているのは「父と弟とキャンプをした体験」です。

和歌山の湯浅の海岸は、田舎で人がおらず、貸し切り状態でキャンプができました。私

小学生の頃の熱中体験を書き出す

1.オモチャの電車を集める、動かす
2.ハリーポッターの映画・本を見る
3.先生ごっこをする、妹を生徒にする
4.3つぐらい年下の子と遊ぶ
5.公文に通う
6.旅行先のホテルで泊まる
7.市内の周遊バス、山手線に乗る
8.駅名と番号を覚える
9.親にクイズを出す
10.遊びのルールをつくり楽しませる

がわくわくしたのは、誰からも制限を受けない**無限の自由**を味わえたこと、田舎の海岸で都会暮らしにはない**非日常感**を味わえたことでした。

海岸の近くにある森には、父が、カブトムシをとるための仕掛けをしてくれました。夜の森の中に懐中電灯を持って入るのは、「**冒険心**をくすぐられるスリル体験」でした。そして、真っ暗な森の中でライトを照らすと、蜜を塗った木には、ハチやカブトムシ、クワガタ、アリ、カナブンとあらゆる虫が群がっています。

まさに自然の多様性が、ありのまま照らし出されている光景を見るのは、**「多様性を観察する」**という私のディープドライバーに触れていたのです。

たった1つの小学生の頃の体験ですが、深掘りすると、「無限の自由を味わう」「自分のリズムで決める」「非日常性を味わう」「冒険する」「スリルを味わう」「多様性を観察する」というディープドライバーがザクザク掘り出されます。

そして、これらのディープドライバーによって、7歳の頃から47歳になった今でも全く同じ動機で熱中感を味わっていることに気づくのです。

私の些細な例を出しましたが、まず、小学生時代のわくわく体験を書き出してみてください。右上のリストは、うちの息子の熱中体験の例です。

幅広く出すことがその後の分析に役に立ちます。

次に、「その体験で何が楽しかったのか？」「どのシーンが印象的だったのか？」を問いかけ、自分を熱中させた動機が何かを考えてみましょう。

2　それ以外の「熱中体験」から探る

小学生の頃に焦点を当てたプロセスと同じ要領で、中学、高校、大学、社会人、今に至るまでの、熱中体験（没頭、夢中、熱中、熱狂）を出してみましょう。

今やっていて楽しいこと、趣味でやっていること、やりがいのある仕事は、ディープドライバーから生まれている可能性があります。好きな歌を歌う、ギターを弾く、写真を撮る、という具合に好きなことを出していきます。

たとえば、「写真を撮る」ということがあったとき、何が好きなのでしょうか？
被写体を探索しに出かける、今この瞬間に没頭する、感動を共有する、技術的なレベルを上げる、感性を刺激するものに触れるなど、人それぞれツボが違うものです。

さまざまな熱中体験を深掘りすると、深いレベルで共通する動機が見えてきます。特に、幼少期から大人になるまで共通するような動機は、あなたのディープドライバーとなっているものであり、これからの仕事や生き方を考える上で、中心となる動機でもあります。

これも10個ぐらい書き出してみてください。好きなことが何だったか思い出せない人は、280ページのリストを見るとヒントになります。

こうして熱中体験（合計20個程度）を書き出したら、特にインパクトの強い熱中体験について、次の質問を自分に問いかけてみてください。その際、ディープドライバー動詞（55ページ）を参考にすると、言葉が見つかりやすくなるでしょう。

熱中体験を深掘りする
5つの質問

1.今回焦点を当てる一番の熱中体験は何ですか？

2.なぜ、それがそんなに楽しかったのですか？

3.象徴的に思い出すシーンはどんな場面ですか？

4.どんな要素があなたをわくわくさせましたか？

5.そこに眠るディープドライバー動詞は何ですか？

ディープドライバー5つの発見法❷

「好き」から探る

発見法❷は、**「好き」**から探るアプローチです。

あなたを魅了する人、あなたを惹きつけてやまないものは何でしょうか？　なぜか大好きなもの。理由なんてわからないし、人にも言えないけれど大好きなもの、でいいのです。今で言う「推し」や「偏愛」とも言うべき超個人的な「好き」の中にディープドライバーは眠っています。ここでは代表的なものとして、「好きな人」「好きな映画」を扱います。

1　好きな人、憧れの人

あなたが好きな人、憧れの人、魅了される人、尊敬する人は誰でしょうか？

「歴史上の人物」「作家・芸術家」「スポーツ選手」「経営者」「職場の先輩」まで、思いつく限り挙げてみましょう。そして、その人の何があなたを惹きつけるのかを見ていきます。

たとえば、歴史上の人物で人気のある「坂本龍馬」を例にとりましょう。龍馬好きは多いですが、好きな理由はそれぞれ違います。そしてそこがディープドライバーを探るポイントになります。志の高さ、偉大な仕事、交渉力、発想力、行動力、柔軟性など、それぞれ、憧れ要素として見ているものが違うでしょう。

私が大学時代から魅了されてやまないのが、経営コンサルタントの大前研一さんです。1995年当時、テレビを見ていたら、日米貿易摩擦で一方的に欧米人に議論でやり込められる論客の中で、一人勇猛果敢に欧米人を論破していく姿に私は魅了されました。鋭い論理力、欧米人に怯まず英語で論破する力強さ、揺るがない自信、圧倒的な説得力。その後、『企業参謀』『ボーダーレスワールド』など、海外でも評価の高いたくさんの彼の本も読みましたが、論理的思考力、創造的発想力、文学的表現力のすべてが備わっており、私も大学生ながら、こんなビジネスマンになりたいと思ったものでした。今、マッキンゼーと言えばエリート中のエリートが行く世界一のコンサルティング会社ですが、この会社で一番高いフィーをとる、「世界でも有名なコンサルタントだと知り、ますます憧れました。

さらに、協調性がなく、我が強い私には、集団主義を排して個人主義的な生き方で大活躍する大前研一さんは、心のメンターでもありました。私が今、習慣化コンサルタントとして活動しているのも、源流には大前研一さんの影響があります。

さて、大前研一さんに対しては、好き嫌いがはっきり分かれ、賛否両論があるのは百も承知です。反感を抱く人もいるでしょうし、実は私も例に出すのを躊躇しました。

ここで大切なことは、「偏愛」でいいということです。個人的な熱狂や憧れでいいのです。**大切なことは、その人が自分が深い部分で望んでいることの「何か」を体現しているとしたら、それに気づくこと**だからです。

私の場合で言えば、習慣化のメソッドをより体系立てたい、世界に広げたいと思っていますが、それは大前研一さんの経営理論、経済理論の見事さに感銘を受け、世界中で有名になり活躍する彼の姿の中に、自分の願望が見えてきたからです。

2　好きな映画は？

次に好きな映画を深掘りしてみましょう。感銘を受けた映画、何度も見てしまう映画の中にも、ディープドライバーを刺激するものがあります。

たとえば、あなたが好きなディズニー映画は何ですか？

私は、「ズートピア」。何度も観てしまう映画です。動物がそれぞれ、個性を活かして多様性が存在する世界を創り出しています。いろいろな個性がそれぞれの持ち味を出している。まさに、ここに見る私の「好き」の源泉は**「多様性と個性が溢れている」**ことにあります。また、「ロッキー」シリーズは、合計30回は観ています。極貧の三流ボクサーのロッキーがどん底からチャンスを掴み、世界王者と戦うというアメリカンドリーム。主人公が逆境に直面して挑戦し、最後は乗り越えるというシナリオがすべてです。「不利な状況から挑戦して勝利を勝ち取る」というのも、私のディープドライバーなのです。

このように、映画1つからでも好きのネタを拾うことができます。

3　好きなもののリスト

「好き」には、ディープドライバーのたくさんの種が眠っています。今回は代表的に、好きな人、映画を例にしましたが、巻末に「好きなもののリスト」（280ページ）を載せておきますので、同様に試してみてください。

ディープドライバー5つの発見法❸

「嫌い」から探る

発見法❸は、**「嫌い」**から探るアプローチです。
「好き！」という反応がわかりにくい人は「嫌い！」という反応から始めてみましょう。「嫌い、苦手、やりたくないこと」というネガティブを出して、その真逆の好きであるポジティブを見つけ出す方法です。私はこの発想法を「陰陽思考」と呼んでいます。

たとえば、些細な例ですが、旅行で「ツアーが嫌い」だとします。大切なのが、その理由を明確にすることです。ある人は、「予定を縛られるのが嫌い」「集団行動をするのが嫌い」「自由がない」ということを挙げたとします。これが陰の発想。今度は逆にして、好きという陽の発想に転換します。反対の定義は、「自由旅行が好き」。理由は、「そのときの気分で自由に決められる」「個人の興味で見たいものをしっかり見ることができる」「予定を自由に変更できる」となります。

旅行というテーマでも陰陽思考とその理由を深掘りすると、ディープドライバーとして、「自由に決める、直感から動く、自分のペースで進む」というキーワードを発掘できます。

もちろん逆に「自由旅行が嫌いで、ツアーのほうが効率的で安心」という人もいます。その場合は、「効率的に回す」「安心の中で楽しむ」というドライバーが発見できます。

ここで良い悪い論をしたいのではありません。好き嫌い論です。そして今回は「嫌いなもの、苦手なもの」から発想していくアプローチです。

「嫌い」から「好き」を見つけて、ドライバーを発見していきましょう。

1　嫌いな仕事から探る

仕事をしていると、嫌いな仕事、苦手な仕事があるのではないでしょうか？

私が若い頃、「嫌いだった仕事」は、「議事録作成、出張報告書、各種申請書、数字計算、情報システムの設定変更などの作業、無意味な定例会議、古い非効率な手続き、ルートセールス」でした（私だけではないでしょうけど）。

では、真逆を定義して「好きだった仕事」を出すと、「会議の進行役、出張すること、提案書、事業企画書、正解のないアイデアリスト、戦略を考える、目的を持った自由な討議、新規開拓のセールス」でした。

総じて浮かび上がってくるキーワードは、次の通りです。

嫌い：非効率、無駄、無意味、誰でもできる、間違えられない、主導権がない
好き：効率的、意味がある、クリエイティブ、リスクがとれる、自分で決められる

自分がアイデアを考え、顧客の課題を解決するために、創造的に考えた内容を提案書にまとめていくプロセスが大好きでした。独自の考えや着想、洞察を表現できる、それを評価してもらえることが、私にとってのやりがいの源、つまりディープドライバーでした。

このように、**嫌いな仕事とその嫌いな理由、原因を書き出し、それを反転させて、真逆となる仕事を定義して、その好きな理由、原因を書き出してみてください。**

念のため、付け加えますが、嫌いだからやらなくていいわけではありませんし、ここではそれは論点ではありません。

嫌いな仕事、苦手な仕事	好きな仕事、得意な仕事
・会議の議事録 ・出張報告書 ・各種申請書 ・間違えることができない数字計算 ・情報システムの設定変更などの作業 ・無意味な定例会議 ・古い非効率な手続き ・ルートセールス	・会議の進行役 ・出張すること ・提案書 ・事業企画書 ・正解のないアイデアリスト ・戦略を考える ・目的を持った自由な討議 ・新規開拓のセールス
嫌いの根源	**好きの根源**
・非効率 ・無駄 ・無意味 ・誰でもできる ・間違えられない ・主導権がない	・効率的 ・意味がある ・クリエイティブ ・リスクがとれる ・自分で決められる

2 過去の嫌い、苦手、不得意から探る

仕事以外で、昔に遡り、小学生、中学生、高校生、大学生時代に嫌いだったこと、苦手だったことは何でしょうか？　その理由と原因を書き出していきましょう。

私が「嫌いな教科」は、数学、物理。唯一の解を出さないといけないのが嫌いで、図面の展開図が嫌い、図形の辺や面積などの値を出すのが嫌いで、本当に苦手でした。

また、「スポーツ」の苦手は、器械体操、サッカーです。器械体操はともかく、総じて集団スポーツが嫌いでした。上下関係が厳しい体育会系のノリも苦手でした。

全校集会、朝礼のような儀式も参加は苦痛でした。催事で盛り上がるのも好きではありません。

逆に好きだった教科は、「国語」。俳句、古文、現代文を読み解いていくのが好きでした。もちろん、テスト上は唯一解はあるのですが、感覚的に読める、感性が問われるのが好きだったのかもしれません。「スポーツ」で好きだったのが、卓球、空手。野球でも少人数で行う、自由なスタイルのものが好きでした。

中学のときは卓球部にいましたが、上下関係が厳しくなく、かつ個人競技なので、伸び伸びと部活生活を楽しめました。催事でも、文化祭など友達と動き回れる自由なイベントは好きでした。

総じて、嫌いなことは、「みんなで集まって儀式的なことをやらないといけない」「個人での裁量、自由がない」「強制力がある」「集団行動」。

好きなことは、「自分で選べる」「自分の努力だけで変えられる」「個人競技」。「クリエイティブ系」のものには興味があったようです。

このように嫌いなこと、苦手なことをまずは書き出しましょう。そして何が嫌いの理由だったのかを明確にします。そして次は、その対照的な「好き」を定義して、「好き」の理由を出していきます。

この陰陽の振れ幅を昇華した中から、あなたのディープドライバーが見つかっていくことでしょう。

ディープドライバー5つの発見法❹

「リスト」から探る

発見法❹は、**「リスト」**から探るアプローチです。

今回は、ディープドライバー動詞リストから言葉を探り、そこから体験をつなぎ合わせていきます。

「動機は動詞で語る」ことがまずは最初の一歩です。

精緻な言語化は次のステップ2で行いますので、ここでは、まずディープドライバーという動機の感覚をつかんでください。

1　ドライバー動詞リストから選ぶ

55ページでもご紹介したディープドライバーを示す動詞リストを再掲すると、左のようになります。

ディープドライバー動詞（例）

冒険する	分析する	区別する	目指す
知らない世界に出会う	衝撃を与える	開発する	調べる
刺激する	共感する	決断する	助ける
創造する	おしゃれする	絵を描く	応援する
想像する	成長する	話す	支える
学ぶ	リスクを取る	聴く	計画する
指導する	行動する	励ます	準備する
教える	変化する	勇気づける	成し遂げる
探求する	支配する	書く	飛び出す
影響する	自由でいる	洞察する	進化する
努力する	運動する	発想する	変える
コントロールする	達成する	育てる	強化する
突き止める	目標を立てる	予想する	訓練する
デザインする	習得する	つくる	磨く
整理する	触れる	演じる	燃える
集める	思いつく	演奏する	盛り上がる
貢献する	体系化する	試す	楽しむ
与える	知る	研究する	笑う
世話する	改善する	開拓する	感動する
観察する	実験する	開発する	感激する
説得する	鍛える	発表する	感謝する
動機づける	自分を磨く	探検する	触れる
サポートする	引き出す	挑戦する	味わう
協力する	感じる	発見する	見る
奉仕する	考える	探す	記録する
ひらめく	組み立てる	改善する	描写する
気づく	料理する	突破する	表現する
アイデアを出す	愛情を注ぐ	飛び越える	エキサイトする
独創性を発揮する	手伝う	進む	沸き立つ
新しいものに触れる	卓越する	続ける	高揚する
神聖さを感じる	熟練する	突き進む	勇気づける
成長を促進する	工夫する	乗り越える	楽しませる
人と人をつなぐ	言語化する	突き抜ける	喜ばせる

これらの動詞を見て、あなたがわくわくする言葉、自分の中にエネルギーが湧いてくる言葉に丸をつけてみてください。

私ならば、「学ぶ」「洞察する」「創造する」「体系化する」に丸がつきます。著者人生15年目ですが、「本を書く」は一生続けていきたいライフワークです。本を書くには、主題を決め、関連情報を**学び**、対象に対して**洞察をして**、アイデアを**創造して**、メソッドを**体系的に**つくり上げることが必要です。◯をつけたドライバー動詞がすべて発揮できます。

仕事や活動に自分のドライバー動詞が複数含まれて発揮されていると、楽しく夢中になれるものだと思います。汲めども尽きぬモチベーションが湧いてきます。

ここで大切なことは、同じ仕事でも、やり方を変えるだけでやる気になれるということです。そして、そのやり方は、人によって異なるということです。同じマネージャーをやるにしても、「サポートする、共感する、動機づける」というドライバーを持っているAさんと、「冒険する、努力する、鍛える、指導する、教える」という動機を持っているBさんでは、マネジメントスタイルも全く異なるでしょう。

ディープドライバー動詞は、さまざまな方法で分類できます。たとえば、性格タイプを分けるエニアグラムならば、「①理想を追求する、②サポートする、③達成する、④創造する、独自性を発揮する、⑤戦略・計画を立てる、⑥貢献する、⑦楽しむ、変化する、⑧影響する、独立する、⑨自分のペースで進む」に分けることができます。

自分の持ち味を活かすためにも、まずはディープドライバーを動詞で明確にすることです。

2　動詞から体験を思い出す

次に、ドライバー動詞から思い出される体験をつなげていきましょう。すでに、「体験」「好き」「嫌い」の探求から書き出したものと、つなげてみるのです。たとえば、「冒険する」というドライバー動詞から、幼少期の体験に紐づけてみます。私の場合なら、「隣町に自転車で出かける」「難易度の高いパズルをする」など。このように、ディープドライバー動詞と体験を紐づけることで、深層レベルにある動機につながります。

複数の体験に共通して出てくる動詞、またはこれこそ自分を突き動かす言葉として欠かせないという動詞こそ、ディープドライバーを精緻に表現してくれます。

体験から言葉を紡ぐ方法と、言葉から体験を思い出す方法ではアプローチは違いますが、両方がつながると、深い気づきになっていきます。

ディープドライバー5つの発見法❺

「問い」から探る

発見法❺は、**「問い」**から探るアプローチです。

ここでは、書く瞑想（ジャーナリング）の方法を取り入れます。ジャーナリングとは、頭に思い浮かんだことをありのままに「書く」ことです。

1つの問いかけから書き始め、芋づる式に書いていくことで、言葉が言葉を誘発し、表層から深層の言葉を紡ぎ出していきます。

ジャーナリングは、無意識のレベルから言葉が湧いてくるので、他のアプローチに比べると、気づきや発見の質が変わってきます。最大のコツは、直感的に、思うままに書いていくことです。頭で書くのではなく、**心で書く**ことを意識していきましょう。

1　問いを選ぶ

問いのきっかけがあると、連想が広がっていきます。


「本当に心の底からやりたいことは何か？」

「制限がないとしたらどうなりたいか？」

「人には言えないがどうなりたいか？」

「座右の銘は？　好きな言葉は？」

「私の使命は？」

「私の美学は？」

「私の価値観は？」

「私が人生で譲れないことは？」


など。次ページに、さまざまな問いを25のマトリックスで載せています。

私の座右の銘は…。なぜこれが大切かと言うと…	これができたら最高の人生だと言えるものは？	もし、神様が3つ願いを叶えてくれるとしたら…	人生で絶対に行きたい国、場所は…なぜなら…	私が譲れないことは…だ
夢の人間関係は？	私は…のような生き方がしたい。なぜならば…	私の人生は…	私の使命は…	私が偏愛するものは？
社会貢献をするなら、何をする？	私の美学は…	心の底からやりたいことは…	私の信念は…	私の憧れは…
私の強み、得意なことは？	人には言えないけど、私が密かにやりたいことは…	もし1ヶ月休暇がとれるなら…したい	私は…な人の助けになりたい。なぜならば…	最高の人生とは…
学びたいこと、身につけたいスキルは？	いくらあればお金の心配がなくなるか。そして心配がなければ…したい	人からよく言われる褒め言葉は…	自分が誇れる過去の自慢は？	もし、20歳若かったら、…をする。なぜならば…

2　思い浮かぶままに書く

問いに対して自由に連想的に書いていきます。

大切なことは、頭で考えすぎず、心に直感的に浮かんでくる言葉を、ただ、ノートやメモに書いていくことです。その中に、あなたのディープドライバーとなる言葉が含まれています。

ただ、書いている最中にそのことは考えなくてかまいません。まずは自由連想のジャーナリングを楽しみましょう。時間は1回5分ぐらいを目安に、手書きでガンガン書いてみてください。もちろん、相性のよい質問もあれば、全く書けない質問もあると思うので、柔軟に選んでみてください。

次に、書き出す上でのポイントを3つ挙げておきます。

ポイント1　芋づる式に出していく

言葉が言葉を呼ぶ感情ジャーナルの対話を象徴的に言い表すならば、「芋づる式」です。直感的に、無意識的に湧いてきた感情や言葉を起点に書いていくことです。

ポイント2　感情を軸に書いていく

大切なのは、思考ではなく、感情にフォーカスして対話をすることです。

ポイント3　質問をしながら広げて深める

そのとき、

「①なぜならば？」

「②具体的には？」

「③たとえば？」

「④結局どういうことなのか？」

「⑤一番の肝、核心は？」

「⑥より深いところにあるのは？」


という言葉で深めていきます。

28歳、製造業の工場勤務の男性の例をご紹介します。マトリックスの中から、「心の底からやりたいことは」を選び書いたものです。

心の底からやりたいことは、アーティストになること。自分の創造的なアイデアを商品にして人に感動を与えたい。３Dプリンターでアクセサリーを作って、それをネットで販売できたらいい。自分のオリジナルサイトを立ち上げ、ブランドづくりから販売までをして、今の会社から卒業して、独立してデザイナーとして生きていきたい。

3　熱のある言葉にマーカーをつける

最後に、書き殴った、文章と言えない言葉の数の中から、パワーのある、熱のある言葉にマーカーをつけてみましょう。

「感動を与える、つくる、デザインする」は、すでに動詞でドライバー言葉です。アーティストの「好き」が何か？　を探っていくと、さらにドライバーを深掘りできます（発見法❷）。まずは、自分にとって大切な言葉としてマーカーをつけてみてください。

ちなみに、この方は、金物アクセサリーアーティストとして大手百貨店で自分の作品を出品することになり、ますます独創的な商品をつくっています。何より、工場勤務での仕事にも張り合いができたということで、いっそう精力的に活動しています。

ステップ2

言語化する
動機の解像度を高める

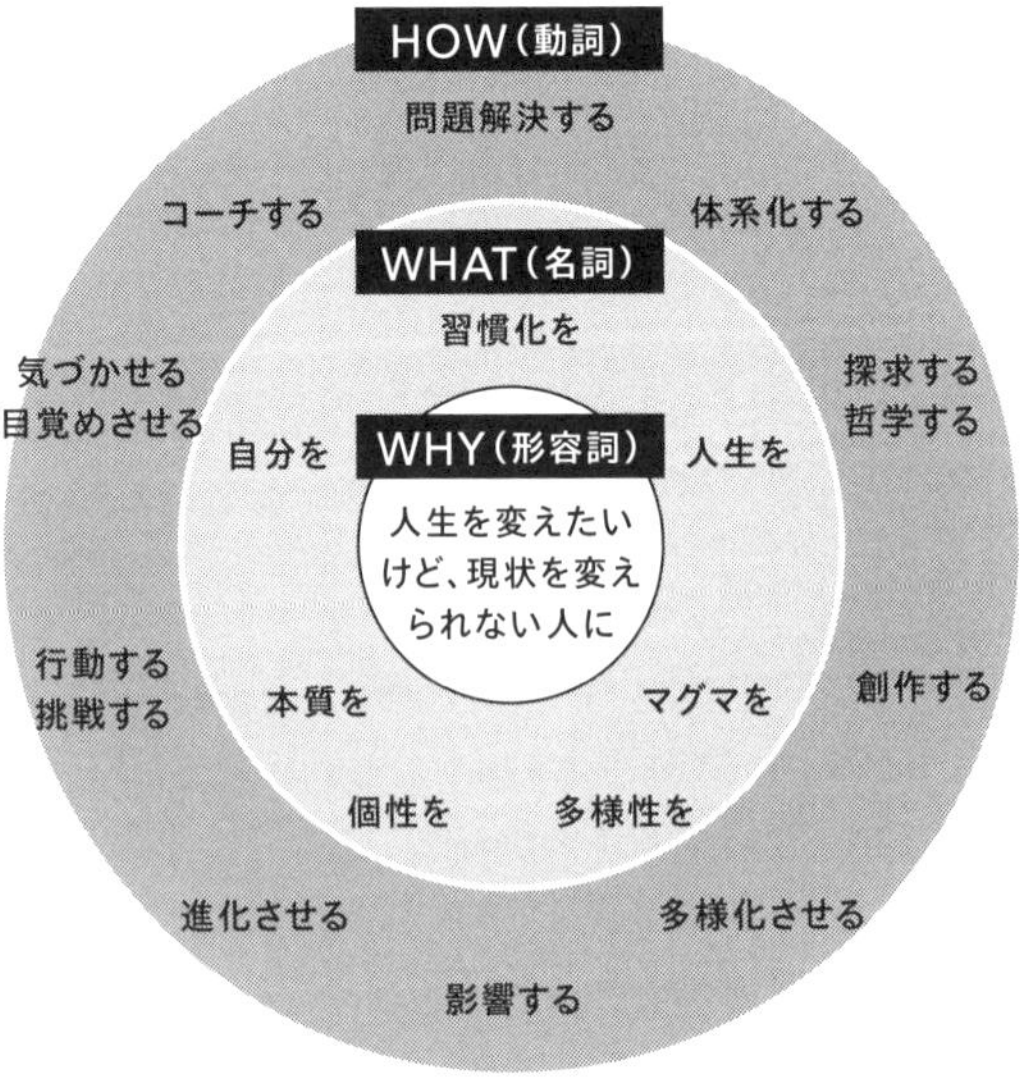

ステップ1（抽出する）では、5つの発見法（体験、好き、嫌い、リスト、問い）から、ディープドライバーが眠る原体験を探ってきました。たくさんの視点から探ることでディープドライバーにつながる原石が出せた状態です。

ステップ2（言語化する）では、ディープドライバーの原石を明確な言葉でつかんでいきます。**言語化＝明確化・具体化**であり、漠然とした感覚に言葉をつけることで、より強くディープドライバーを感じられ、仕事や人生に活かすことができます。これがもやもやした感覚のままでは、今後の人生に活かすことはできません。

5つの発見法で出した原石を、より精緻に言語化していくのです。

ではどのように、言語化するのかといえば、言語化の究極のフレームワークは、WHY-WHAT-HOWです。ディープドライバーの言語化もこの3つの言語化ですが、優先順位が違います。第一にHOW（どうする）の動詞、第二にWHAT（何を）のテーマ、第三にWHY（何のために）という目的、となります。

次のステップで言葉をより磨いていきます。

❶ キーワードをマッピングする
❷ 名詞を動詞に変えてみる
❸ 自分のテーマ、主題（名詞）を出す
❹ テーマと動詞を掛け算する
❺ 何のために（目的語）を加える
❻ すべてをつなげて文章化する

言語化することで、動機の解像度は一気に高まります。

ここは、若干難しさを感じるプロセスですが、完璧を目指さず、ガイドに従いながら、できる範囲で取り組むだけでかなり明確になっていきます。

また、本書の最後にすべてのメソッドをまとめています。

自己探求はやってもやっても、どんどん新しい発見があります。大切なことは、絶対解などない、**自分の現在の気づきを最適解として、それを進化させていく**ことです。

HOW	WHAT	WHY
Step1 動詞 （どうする）	Step2 名詞 （何を）	Step3 目的語 （誰のために、何のために）
哲学する 体系化する 言語化する	習慣化を メソッドを 主題を	真に変容したい人のため。 なぜなら変われないのは 続かないから
プロデュースする	新人作家を	世界に影響を与えたい まだ見ぬ可能性がある

ディープドライバーを言語化する❶

キーワードをマッピングする

まず、1枚の紙に「ステップ1　5つの発見法」で出した言葉をマッピングします。先ほどまでのワークでノートに散在していた言葉を俯瞰できるようにまとめるのです。熱のある重要なキーワード（名詞、動詞、フレーズ）を書きましょう。

あくまで俯瞰して眺めたいので、キーワードだけで大丈夫ですが、大切な言葉はここに盛り込んでください。キーワードを網羅しておかないと、この後の言語化で深掘りが浅くなる可能性があります。目安として、最低でも20以上のキーワードが出ていると理想的です。まずは書き出すことに集中してください。

次の図が私の書き出した図です。心に刺さった言葉、自分を突き動かす言葉を網羅しています。このプロセスは、デジタルより手書きのほうが効果的です。また、紙も紙面の大きさで書ける量が変わってきますので、A4以上で書いてみてください。

1枚にまとめると、多くのことに気づきます。自分の心の解像度を高める第一歩です。

多様性と個性が
溢れる世の中を
つくる

本当に
大切なことを
中心に生きる習慣

成長する
進化する
行動する
真の自己を実現する

影響する

探求

真理　美
原理　空
原則　無
深層　道
本質　禅

習慣化で
真の変容を
道

気づかせる
目覚める
共創する
コーチする
広く、深く、長く影響する
歴史に残る

哲学する
探求する
開発する
パターンを探る
自分のリズムで進む
マグマに触れる

挑戦する　創作する

習慣化コーチ　習慣化メソッド

存在感
ディープインパクト

ディープドライバーを言語化する❷

名詞を動詞に変えてみる

次に、マッピングした言葉の中ではじめに手をつけたいのは、名詞を動詞に変換することです。

以前に、**「動機は動詞で表現する」**と書きましたが、HOWが一番重要です。**名詞を動詞に変えてみると、その名詞の中で埋もれていたディープドライバーが動き出します。**

最終的に名詞で表現することは悪くありません。しかし、自分のディープドライバーを探る一丁目一番地は、動詞にすること。動機は、動詞で表現すると明確になりやすいのです。動詞が動機のダイヤモンドなのです。

では、キーワードマッピングの中の名詞を動詞に変換していきましょう。

名詞を動詞に変えてみる（例）

芸術→創作する
道→求道する
偉大さ→極める
自然→緑のにおいを嗅ぐ
妄想→心を動かす
手芸・パズル→手を動かす
旅→感じたことのない空気に触れる
芸術→観る
ライブ→五感で感じる、今この瞬間を感じる
登山→自分と戦う、非日常を楽しむ
発見→知らないことがわかる
冒険→新しい世界を見る
共感→一体感がある
笑い→エネルギーが上がる
網羅→全体を知る
自転車→自分でコントロールする
気持ち→心に入る
応援→人を支える
見物→調べる、知る、イメージを知る
自然→畏怖を感じる
未知→知らないことに気づく
貢献→感謝される
つながり→協力する
コーチング→火をつける
スピーカー→才能を開花させる
自由→自分をコントロールできる
登山→自分とのバトルをする
和菓子→季節を色で感じる
飛行機・ロケット・発射→一気に飛び出す
体験→冒険する、知らない世界に飛び込む
学習→自分が知らない技術を知る
信頼→信じて任せて安心だと思う
平和→皆が笑顔で楽しく過ごす
自由→自分の進む方向を自分で決める
つながり→お互いを認めて支え合う
自然→本質を知る
物語→非日常を味わう、心が動く
パソコン→使いこなす、知識や情報が増える
新発売→刺激を受ける、知識が増える
愛→心の温かさと人間関係の絆を深める
健康→バランスのとれた食事と運動で健康を保つ
幸せ→毎日に感謝する
釣り→成功するために考え試す
旅行・自然→体感する、感動する
音楽→心に響く、感じる、感動する
未来志向→成長する
挑戦→自分を表現する
感情→気づきを得る
サポート→支える、喜びを分かち合う
到達→可能性を広げる
観察→知る、理解する、考える、工夫する
おしゃれ→楽しむ、自分にしかできないことをする

たとえば、「愛、貢献、芸術、道、偉大さ、冒険、自由」と書いているとします。

これを「名詞から動詞」に変換してみましょう。1つの名詞が、複数の動詞に変換できることもあります。

・愛→愛する
・貢献→貢献する
・芸術→創作する、観察する
・道→求道する、精進する、努力する
・偉大さ→極める
・冒険→リスクをとる、新しい世界に触れる
・自由→コントロールできる

単純に名詞に「～する」と加えるだけではなく、その名詞に含まれる「ドライバー動詞」を書いていきます。

前のページの表を見てください。

きれいな動詞になっていないものもありますが、なるべく動詞での表現を試みることで、

名詞より具体化していくことができます。

繰り返しますが、名詞が悪いのではなく、名詞では抽象度が高すぎるのです。動詞に置き換えることで、具体性と熱量、動的な印象が一気に高まります。

まず、名詞を動詞に変換してみてください。

もちろん最終目的は、自分に響く言葉を残すことなので、自分に響く名詞は残せばいいのです。

ディープドライバーを言語化する❸

自分のテーマ、主題(名詞)を出す

ディープドライバーの言語化の第一歩として、動詞化をしました。これはWHY-WHAT-HOWで言えば、HOWです。次に言語化したいのは、「テーマ・何を」(WHAT)をしたいのか?　というあなたが取り組みたいテーマ・主題です。

あなたがこれまで人生で扱ってきた興味深いテーマは何ですか?
これから探求したいテーマは何ですか?

たとえば、私は、「人生、心理、目標、自己啓発、文学、複雑系、習慣化」をテーマに選びました。あなたがこれまで取り組んできたこと、これから取り組みたいと思っているテーマ、主題、興味のある分野を名詞で出してみてください。

テーマ・主題リスト（例）

愛の広がり - 周囲への愛を広げる
冒険心 - 新しい経験を求める姿勢
責任 - 自分の行動に対する責任を持つ
協力 - 他者との協力を重視する
知恵 - 知識と経験を活かす
夢 - 自分の夢を追いかける
正直さ - 誠実であることを大切にする
直感 - 自分の直感を信じること
親切 - 他者に対して親切であること
変化 - 変化に柔軟に対応する
精神的な豊かさ - 心の豊かさを追求する
愛情 - 深い愛情を育む
自立 - 自分で考え、行動する力を育てる
ユーモア - 笑いを大切にする
目標設定 - 明確な目標を持ち、それに向かう
思いやり - 他者の気持ちを理解し、寄り添う
自己反省 - 自分を見つめ直すことを忘れない
自由 - 自由な発想や行動を大切にする
学び- 学びを周囲と共有する
希望 - 希望を持ち続け、未来を信じる
自己表現 - 自分を素直に表現すること
バランスの追求 - 生活全般でのバランスを大切にする
好奇心 - 新しいことへの興味を持ち続ける
自己探求 - 自分自身を深く知ること
人生の豊かさ - 物質的な豊かさだけでなく、心の豊かさを求める
社会貢献 - 社会に対する責任を果たす
美の追求 - 美しいものに触れることを大切にする
自己啓発 - 常に学び、成長を目指す
内なる平和 - 心の安定を追求する
目標達成 - 具体的な成果を上げること
精神的探求 - 精神的な成長を求める
自然とのつながり - 自然を大切にし、その中で生きること
時間 - 有意義な時間の使い方を考える
周りとの信頼 - 他者との信頼関係を築く
コミュニケーション - しっかりとした対話を重視する
多様性の尊重 - 異なる価値観を受け入れる

前ページの表は、人生のテーマと題して、幅広く名詞でテーマを出してみたものです。

あくまで着想のきっかけですが、この中に、あなたのディープドライバーを刺激するテーマがあるでしょうか？

困ったら、ChatGPTに聞いて、テーマの壁打ち相手になってもらうといいでしょう。

あなたのテーマは何ですか？

1
2
3
4
5
6
7
8
9
10

最後に、この書き出したテーマの中で最も重要な3つに星印をつけてみてください。

ディープドライバーを言語化する❹

テーマと動詞を掛け算する

次に、テーマと動詞を掛け算してみましょう。

「何を」＋「どうする」を組み合わせてみます。

次は、私の例です。まずは主要テーマに、動詞を当てはめてみます。

〈人生〉を言語化する

の本質を一言で言う

を洞察して思考する

のレベルを上げる

の循環やパターンを見る

を自分で決める

で自由な個性を輝かせる

〈心理〉を学ぶ
を洞察する
を言語化する
を進化させる

〈目標〉を言語化する
を進化させる
を自分で決める
に集中する

〈自己啓発〉を学ぶ
の独自メソッドをつくる

〈習慣化〉を洞察する
を言語化する
で問題を解決をする

そして組み合わせのいいものだけを残すと、次のようになりました。

人生のレベルを上げる、人生を自分で決める、人生で自由な個性を輝かせる

心理を洞察する、目標を進化させる、目標に集中する、習慣化で問題を解決する

ディープドライバーは、動詞＋名詞でさらに磨きがかかってきます。

私は「習慣化で問題を解決する」が最高の組み合わせです。あなたの最高の組み合わせを見つけてください。

＜人生＞を言語化する、を進化する、のレベルを上げる、
を自分で決める、で自由な個性を輝かせる

＜心理＞を学ぶ、を洞察する、を言語化する

＜目標＞を言語化する、を進化する、を自分で決める、
を選択肢から選ぶ、に集中する

＜自己啓発＞を学ぶ、メソッドを独自開発する

＜文学＞の多様性を知る、オリジナリティを観察する、
の洞察の深さを味わう

＜習慣化＞を洞察する、を言語化する、で問題を解決する

何のために(目的語)を加える

ディープドライバーの言語化は、「どうする＋何を＋何のために」で完成です。

言語化の最後は、「何のために」（ＷＨＹ）を出していくことです。「何のために？」を追求し貢献軸が明確になると、ドライバーはよりパワフルになります。

ディープドライバーは「自分発」だと言いましたが、天職とは、「他人のために、自分のやりたいことをやる！」ことです。自分がやっていることが、ディープドライバーから発して、最後は、誰かの、何かの、役に立っている、と感じられるとき、さらに私たちはやっていることに意味や意義を感じます。それがやがて使命感に育っていくこともあります。

子供の権利のために	人道支援のために
高齢者のために	国際平和のために
障がい者のために	技術開発のために
家族のために	イノベーションのために
子供たちのために	文化遺産のために
社会のために	伝統のために
世界のために	自然災害対策のために
平和のために	交通安全のために
自然のために	労働者の権利のために
教育のために	性的少数者のために
健康寿命のために	移民のために
人類のために	戦争難民のために
弱者のために	教育の機会のために
未来のために	医療のために
動物のために	公衆衛生のために
技術のために	青少年のために
公正のために	無償教育のために
自由のために	不良少年の更生のために
平等のために	孤児のために
安全のために	性教育のために
幸福のために	健康教育のために
人権のために	精神保健のために
福祉のために	老人介護のために
国際交流のために	自殺防止のために
食料安全保障のために	青年支援のために
水資源のために	犯罪防止のために
エネルギーのために	社会保障のために
環境保護のために	親子関係のために
防災のために	男女平等のために

あなたは、誰のためならば、頑張れるのでしょうか？

どんな社会課題のためならば、自分の時間とエネルギーを投入して貢献したいと思うのでしょうか？

「自殺する人が減る世の中にしたい」「若者がより自信を持って活躍できる社会にしたい」「健康寿命を長くするために」「子どもが健やかに育つ安全な社会にしたい」「それぞれが個性を輝かせて活躍できる社会をつくりたい」など出してみてください。

私の場合は、「習慣化で問題を解決する」というHOWとWHATのテーマに、「人生を変えたいけれど、現状を変えられない人のために」というWHYの目的語を入れました。

ここで重要なのは、「何のために」（WHY）は最後に入れるということです。

最初にHOWとしてのディープドライバー動詞があり、WHATのテーマを重ねてから、WHYという目的語という順番で考えてください。そうしないと、「何のために」という目的語が上っ面になる可能性が高いからです。

ただし、目的語は、あくまで埋まるならば書く、という程度で。無理して書かなくて大丈夫です。自己が満たされなければ、他者に目が向かないのも事実ですから。

第2部

あなたを突き動かす動機から始める　ディープドライバーメソッド

ディープドライバーを言語化する❻

すべてをつなげて文章化する

最後に、これまで出した言葉を文章化してみましょう。

左は、私のディープドライバーの言葉をHOW（動詞）、WHAT（テーマ）、WHY（目的語）と並べています。このように、バラバラの言葉群を整理して、まとめていくのが、言語化の最終ステップです。

私は何者で、何がしたいのか？　という問いに対しては、次の一文で文章化しました。

「人生を変えたいけれど、現状を変えられない人のために、習慣化で問題を解決する」

こうすることで、自分のディープドライバーが言語化されていきます。

言語化のプロセスは、いったんこれで完了です。最後に結晶化に入っていきましょう。

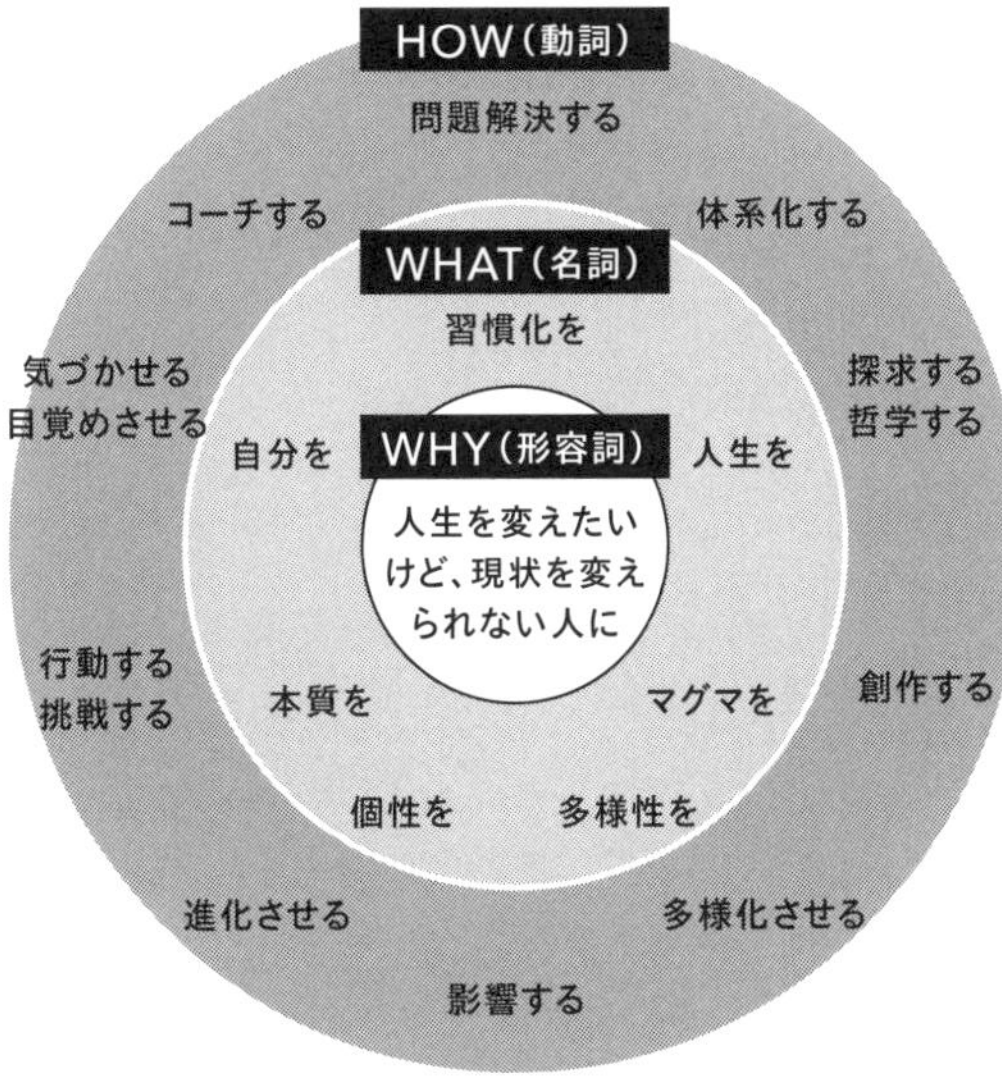
HOW（動詞）
問題解決する
コーチする
体系化する
気づかせる
目覚めさせる
探求する
哲学する
行動する
挑戦する
創作する
進化させる
多様化させる
影響する
WHAT（名詞）
習慣化を
自分を
人生を
本質を
マグマを
個性を
多様性を
WHY（形容詞）
人生を変えたいけど、現状を変えられない人に

ステップ3

結晶化する
1枚にまとめていく

ステップ3では、「ディープドライバーマップ」をつくって、これまでのプロセスを結晶化していきます。

ステップ2で言語化を徹底しました。最後は、**言語＋ビジュアルであなたのディープドライバーをより鮮明にして、**「自分」を1枚にまとめていくのです。

日常生活に戻ると、どうしても慌ただしい日常の中で、自分の深い動機を思い出すことなど不可能になります。

ディープドライバーマップをつくり上げることで、手帳やノートに挟んでおいて、いつでも見ては思い出すことができます。パソコンのデスクトップに貼ってもいいでしょう。

このプロセスは、ここまで、発散して散在している言葉を選び抜き、自分の本質に迫るものだけに削ぎ落として結晶化し、さらにそこに象徴的なイメージを加えていくものです。

1枚にまとめるという制約の中で表現することで、俳句が五七五の中で磨かれていくように、このプロセスで言葉が結晶化されていきます。

ディープドライバーマップ　書き方例

言葉をビジュアル表現などにして、1枚の限られたスペースにまとめていくのが、ここでいう「結晶化」です。

まずは、書き方を解説していきますが、事例を見たほうが早いかもしれません。

4つの事例を見て、自分ならどのように結晶化するか考えてみてください。参考になるなと思うものはまず真似して書いてみてもよいでしょう。最後にまとめとして、書き方ガイドを軽く眺めてヒントにしてみてください。ちなみに左は私のものです。

事例1　アパレルライター　Aさん
事例2　ウェブデザイナー　Bさん
事例3　建築士　Cさん
事例4　大手企業事務職　Dさん

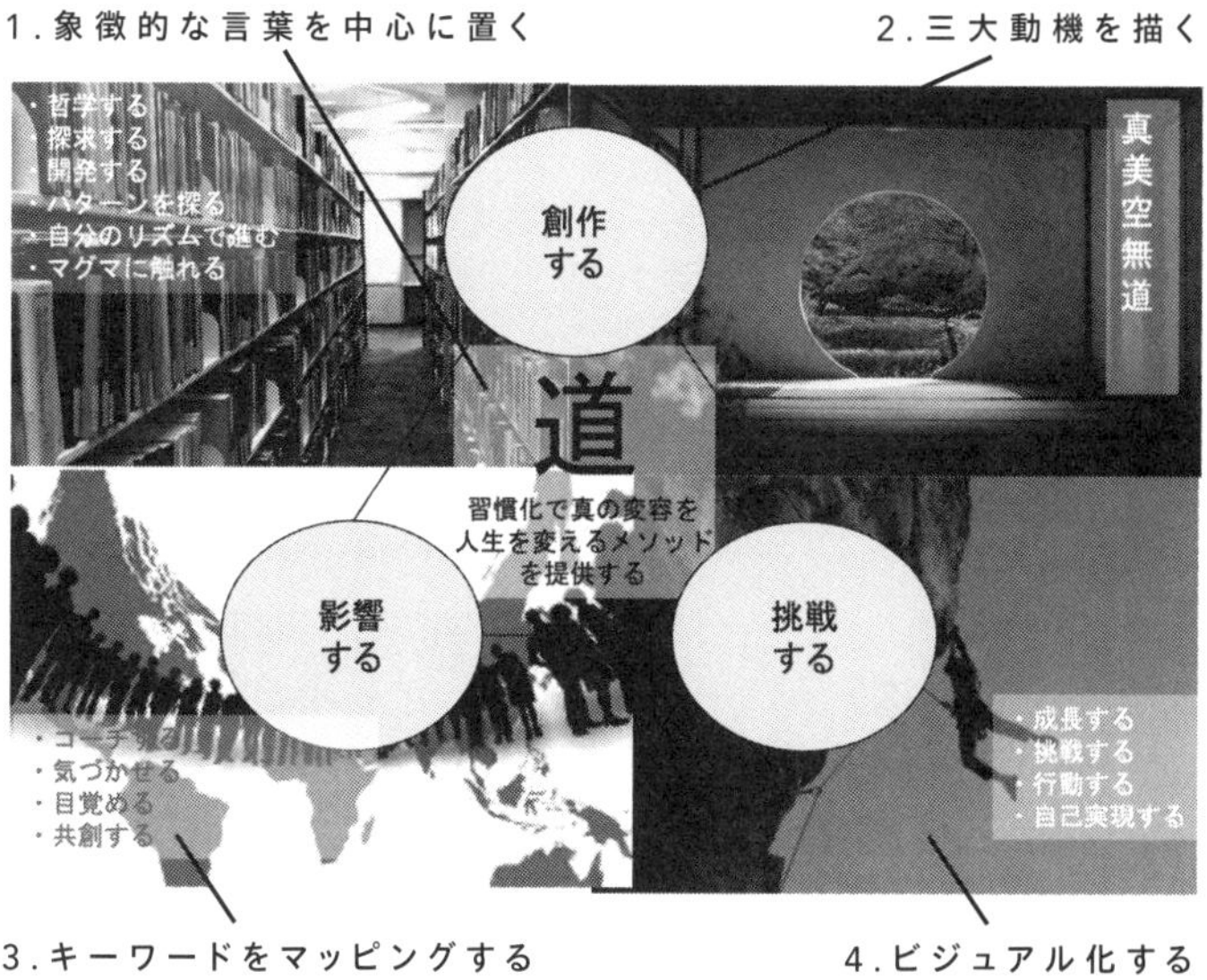
1.象徴的な言葉を中心に置く
2.三大動機を描く
・哲学する
・探求する
・開発する
・パターンを探る
・自分のリズムで進む
・マグマに触れる
真美空無道
創作
する
道
習慣化で真の変容を
人生を変えるメソッド
を提供する
影響
する
挑戦
する
・コーチする
・気づかせる
・目覚める
・共創する
・成長する
・挑戦する
・行動する
・自己実現する
3.キーワードをマッピングする
4.ビジュアル化する

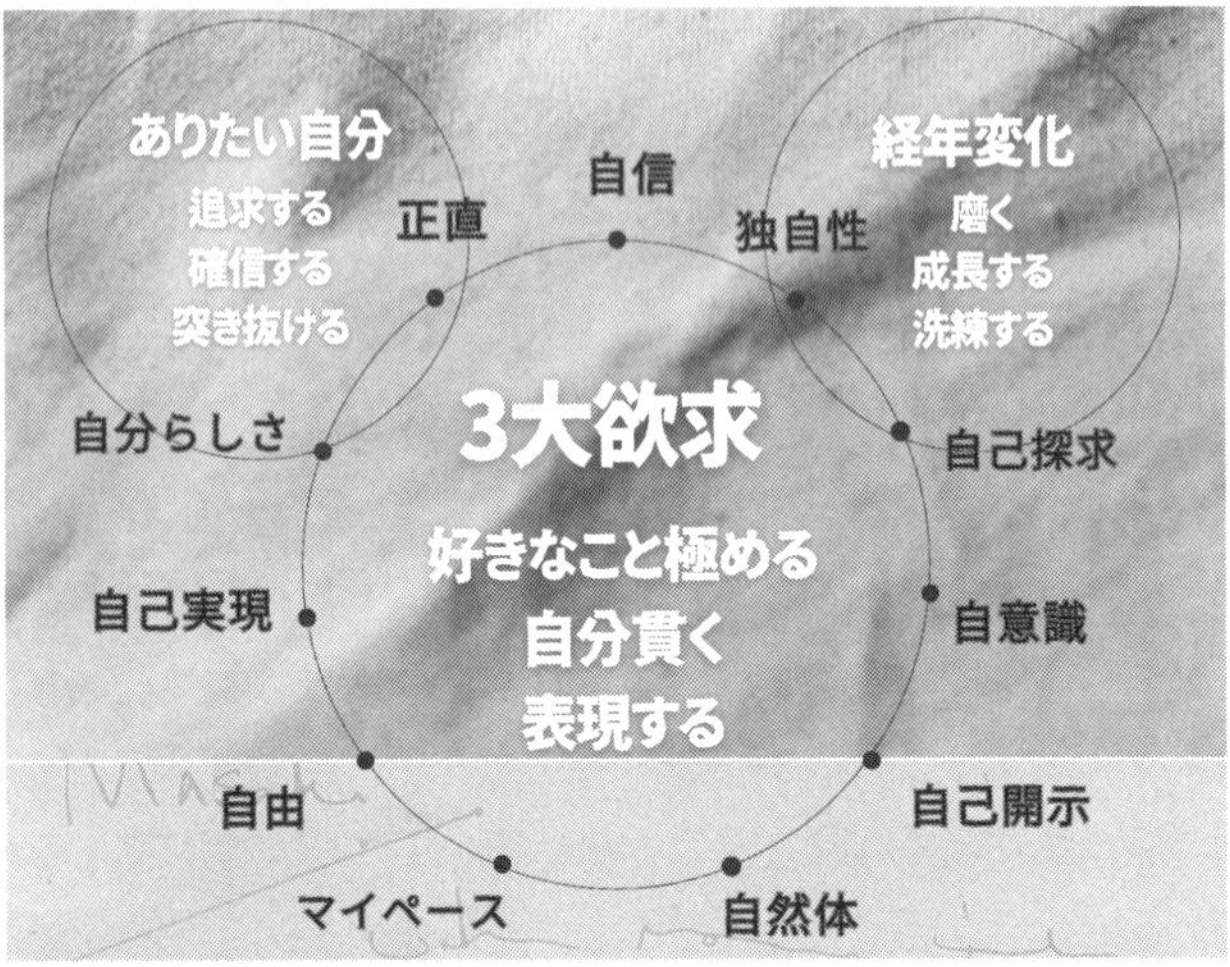

事例1　アパレルライター　Aさん

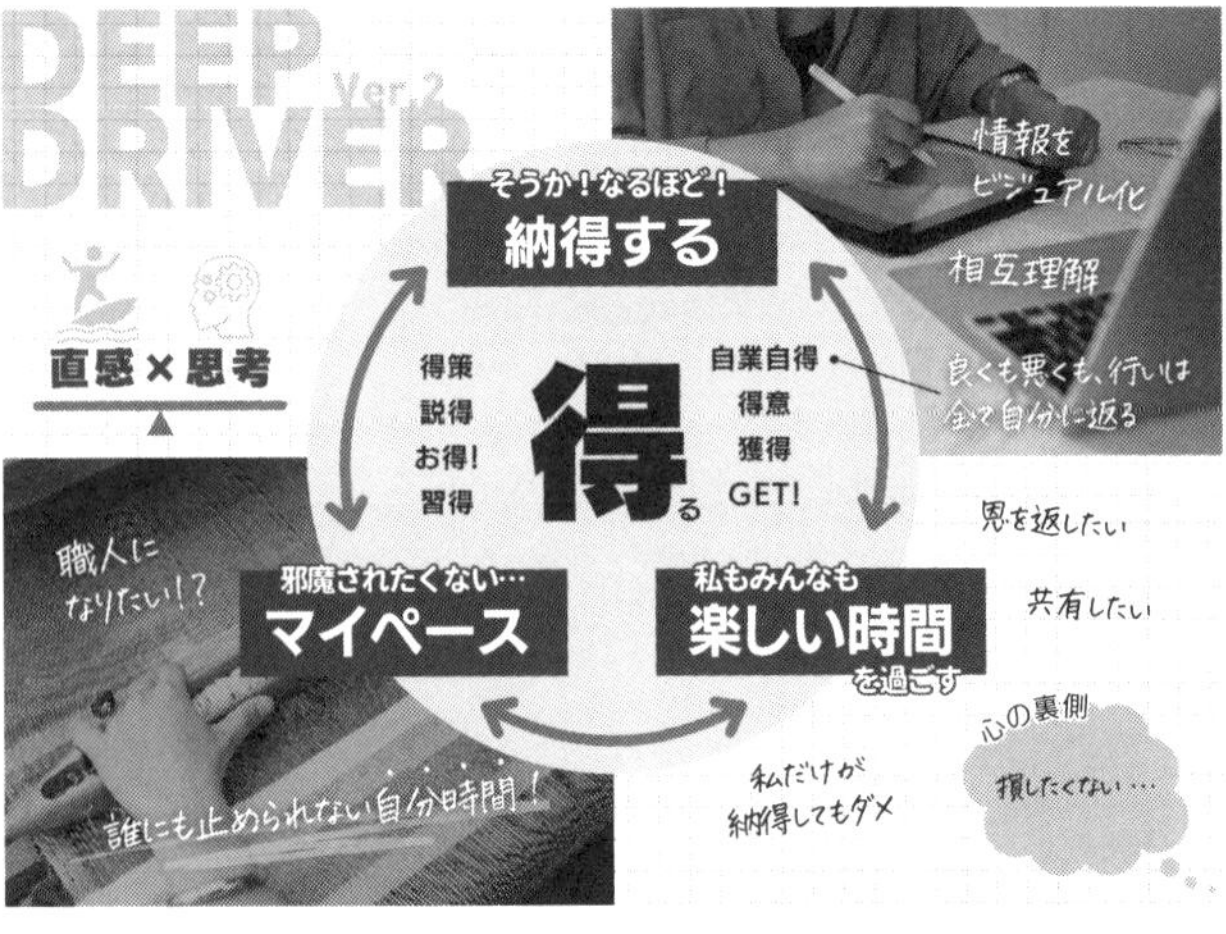

事例2　ウェブデザイナー　Bさん

事例3　建築士　Cさん

事例4　大手企業事務職　Dさん

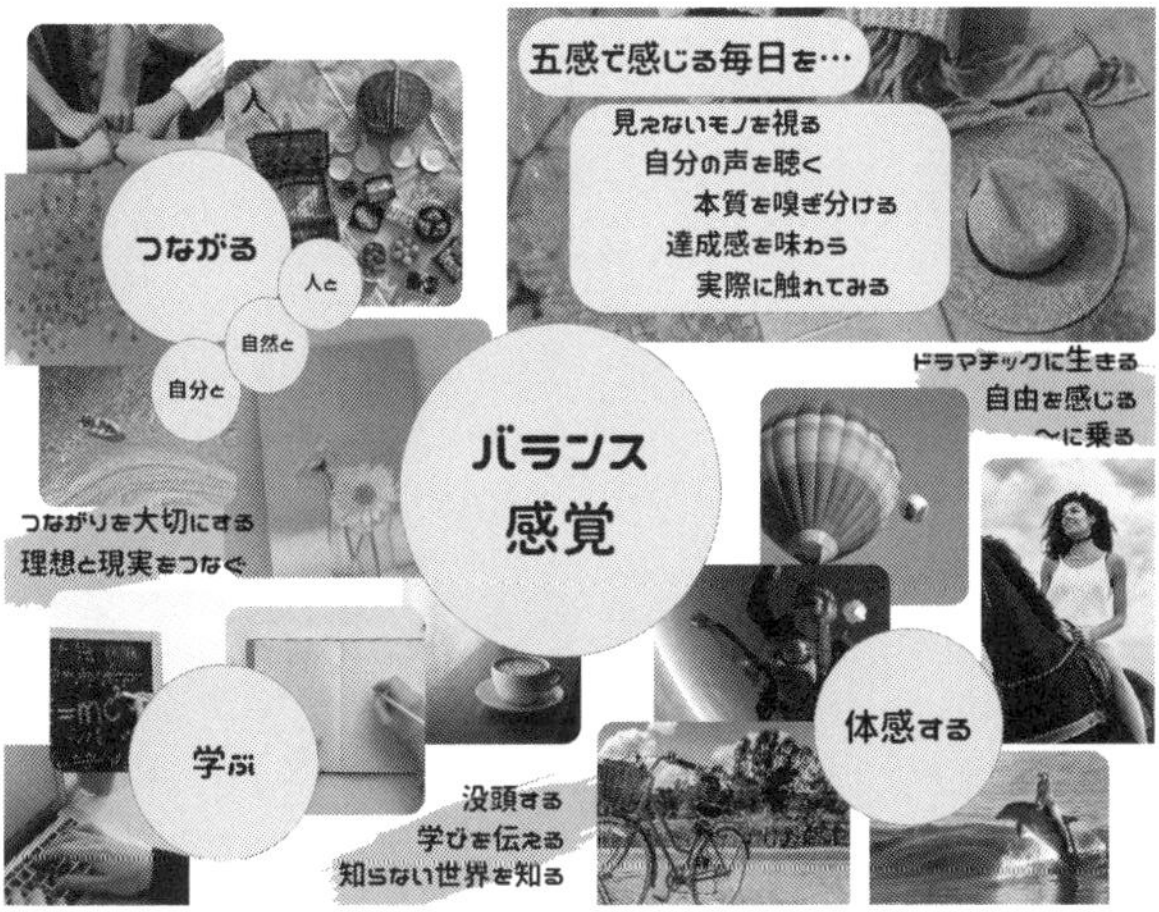

結晶化のための書き方ガイド

ステップ2までつくった、キーワードマップ（113ページ）を手元に用意してください。

1　象徴的な言葉を中心に置く

まず、あなたがディープドライバー・マップの中心に置きたい言葉を選んでみてください。

あなたのディープドライバーを象徴する一番の言葉は何でしょうか？

私は、「習慣化」。

ここは漢字一文字、名詞でも問題ありません。象徴的な言葉を置くことが大切です。

中心に置くという時点で、より大切なことだということを示します。

2　三大動機を描く

ドライバー動詞の中でも、最も強い3つのドライバーは何でしょうか？　これを三大動機と呼んでいます。私の場合は、「創作する」「影響する」「挑戦する」を三大動機に挙げています。動詞リストの中で、体験を深層で動かしていた動機の上位3つを明確にすると、三大動機マップにもメリハリがつきます。

3　キーワードをマッピングする

次に言語化で明確にした、そのほかのドライバー動詞を強弱をつけながら盛り込んでいきます。大切なものに絞るのがよいでしょう。もちろん、テーマとなる名詞、目的語も入れて結構です。

4　ビジュアル化する

象徴的なイメージ画像を入れてみてください。たとえば、「自由でいる」ならばカモメを、「勇気づける」ならば太陽、「創造する」ならば岡本太郎という具合に、あなたなりのイメージを入れればいいのです。マップの表現力は一気に高まります。

キーワードをヤフーやグーグルの画像検索で検索したりすると楽しいですし、生成ＡＩに複数のドライバーキーワードを読み込ませて、最適なイラストをつくることもできます。生成ＡＩは、複数のドライバー言葉から絶妙なビジュアルイメージを提供してくれます。今の時代、使わない手はありません。

5　プリントアウトしてよりよく磨く

このマップはブラッシュアップが鍵となります。何度も書き直すと、より深い動機を表現できるようになります。最後は、プリントアウトして、手元で見られるようにしてください。

日々、忙しい中で、ディープドライバーにつながっていることは簡単ではありませんが、このマップを見れば、すぐに自分の動機の源泉を思い出し、つながることができるでしょう。

また、本当に転職する、独立するなど、大きな決断をするときには、このドライバーを含んでいるかチェックしてみてください。

あなたの深い動機のマップなので、自分自身の判断基準になります。

40歳からの研究者から獣医師への挑戦

1. プロフィール

内山麻紀　獣医師（小動物臨床、勤務医）

京都大学・大学院卒業後、製薬企業や国立・公益財団法人などの研究所で生物系の研究職につく。子供の頃の夢であった獣医師になることを決意。同年秋の獣医学部編入試験に合格、2021年4月から獣医師として働き始めた。

2. 抱えていた問題

40歳を過ぎたあたりですね…。だんだん純粋に研究だけ、というわけにはいかなくなっていく。研究以外のことがストレスになりがちでした。下に指示するリーダーポジションもあまり向いていないし、将来への漠然とした不安もあったんです。一方、いち研究者として働き続けるのも魅力がないなって。そんなとき、習慣化の学校で自分の天職を探る講座に参加しました。

3. メソッドの取り組み

まず、2回目で、獣医師になりたかったという子供の頃の夢を思い出しました。ディープドライバーに取り組む中で、「治療する」「癒す」「救う」という言葉が出てきました。行き場のない野良猫を自分の手で助けたい、治癒したい！　そんな夢を思い出したのです。

一方で、結婚をして東京に家を構えた40歳の研究者。今から獣医学部に通うのは無理だと、諦めていました。でも、自分の内側を確認するごとにどんどん獣医への情熱が高まり、オープンキャンパスに行ったり、先輩獣医に手紙を送って相談したりしていました。そして、夫に相談。結果、「やってみなよ」と後押しされました。

とはいえ、獣医になるには狭き門の受験があるので、ダメだと思いながらダメ元でチャレンジ。結果的に一発で合格し、研究所を辞め、北海道での獣医学生へ。

4. その後の変化

東京の自宅に住む旦那さんとは別に暮らす北海道生活をスタート。オンラインで話をしたり、月末には東京に帰ったりしつつも、基本、北海道で学業に没頭。酪農牧場での実地研修を経て見事5年（通常6年。2年で編入）で卒業。とうとう夢の獣医師になりました。

内山さん曰く、「私が考える獣医師の理想は赤ひげ先生です。自分の食い扶持だけはなんとかして、それ以外の時間は往診であちこち飛び回る獣医になりたい。社会全体が高齢化しているから、ペットを動物病院に連れて行きたくてもできない人も多いと思いますので。あとは鍼やお灸などの東洋医学を組み合わせて提供したり、病院で診察を受ける機会がない保護動物を診てあげたい」。夢は尽きない内山さんです。

フェーズ2
どうなりたい？

Future/Relationを描く

Deep Driverメソッド		
フェーズ1 何がしたい？	フェーズ2 どうなりたい？	フェーズ3 どう動く？
Deep Driver 突き動かす動機	Future 未来の方向性 Relation 豊かな関係性	Goal 真の目標 Action 効果的な行動 Habit 繰り返す習慣

1 Future

未来の方向性
どうなりたいのか？

真の理想の未来は、
ディープドライバーが投影されたもの

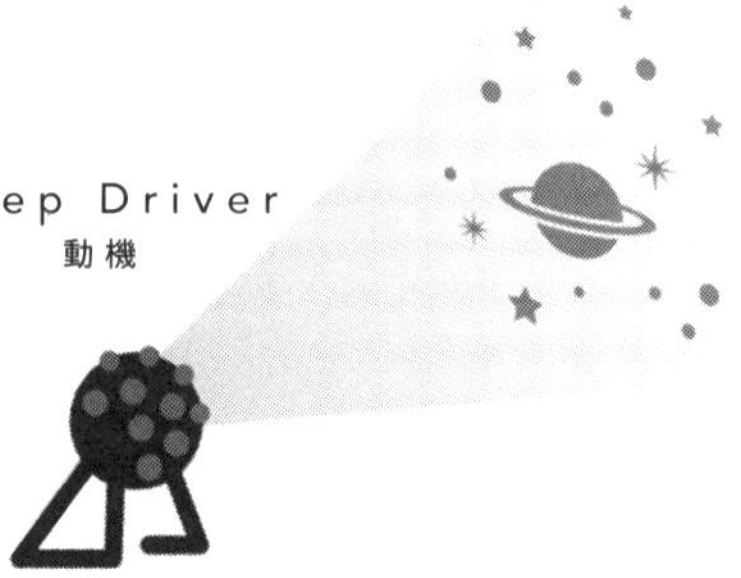

「自分が何者で、どういう人生を歩みたいのか？」これが本書の中心的な問いです。
前章でディープドライバーを明確にしたことで、**自分が何者なのか**が少しずつ見えてきたのではないでしょうか。自分の動機を知ることができたら、それを中核にして理想の未来を描いていきましょう。

フェーズ2では、ディープドライバーを中核に、**どういう未来、人生を歩めたらいいのか？**を描いていきます。

Deep Driver（動機の源泉）とFuture（理想の未来）は、プラネタリウムの映写機と、投影された星空の関係に近いのです。

いきなり、やりたいこと、理想を描こうとしても、自分の中心につながっていないものは、どこか本当に求めていることではないという感覚が残ります。

その場合、やりたいことではなく、やるべきこと、やったほうがいいことを描いていることが多く、気持ちが盛り上がりません。

これに対し、ディープドライバーを言語化し、結晶化したマップを作ってから描く未来は、心の深い部分の大切なものを包含しています。

モヤモヤが確信に変わると、行動が始まります。そして結果的に、最初の案がきっかけとなって人生がどんどん変わってきていることに気づくのです。

これから3つの時間軸で描く未来は、ディープドライバーをもとに、こんなふうに生きたい、という理想の未来です。

ディープドライバーが内的なものであれば、それを現実世界にどのような形で実現するのかを描きましょう。それが、理想の未来です。

事例（Case）として本書に載せている例を挙げると、

- 「オリジナリティを発揮する、金物でものをつくる、感動させる」というディープドライバーから、金物アクセサリーデザイナーとして自分ブランドのアクセサリーを発売するという活動をしている人
- 「研究する、実践する」をベースに大学での研究と地元企業のコンサルティングを両立する未来を選択した人

・「TRYする（挑戦し続ける）」が中心だとわかって、健康寿命を伸ばすために講演をするべく毎日YouTubeで発信している人
・「治療する」、「癒す」、「救う」というドライバーから、獣医師の未来を選択した人

これらの未来だけを見ると、大きな変化に見えますが、すべて、ディープドライバー、すなわち、「自分を突き動かす動機の源泉」とつながることを最初にやっています。

それを内側にしっかり感じることができたとき、理想の未来は、そこから湧き上がり描かれていきます。心のサーチエンジンが最適な未来を見つけてくれるのです。


正解はありません。そして、いきなり100％の解像度で未来が描ける人もいません。動き出すための仮説でいいのです。

ディープドライバーを明確にしたあとは、自分の人生や未来を変える理想の未来を描いていきましょう。

未来の方向性　3つの時間軸

ディープドライバーが輝く、理想の未来、なりたい姿、やりたいことを描いていくのがこれからのワークです。

「未来の方向性」は、3つの時間軸で描くことを提案します。

「究極の未来」「理想の3年後」「最高の1年後」の3つです。

1年後の理想を描けたらよい人もいれば、3年後ぐらいを見据えて理想を描きたい人もいますし、究極の未来を見据えたい人もいます。

独立、起業を考えたとすると、時間軸は、1年では足りず、3年後の理想を見る必要がありますか。もし、経営者だったら、自分を超えたビジョンを社員に示す必要がありますから、究極どうなっていきたいのか？　という究極の未来を考えるかもしれません。

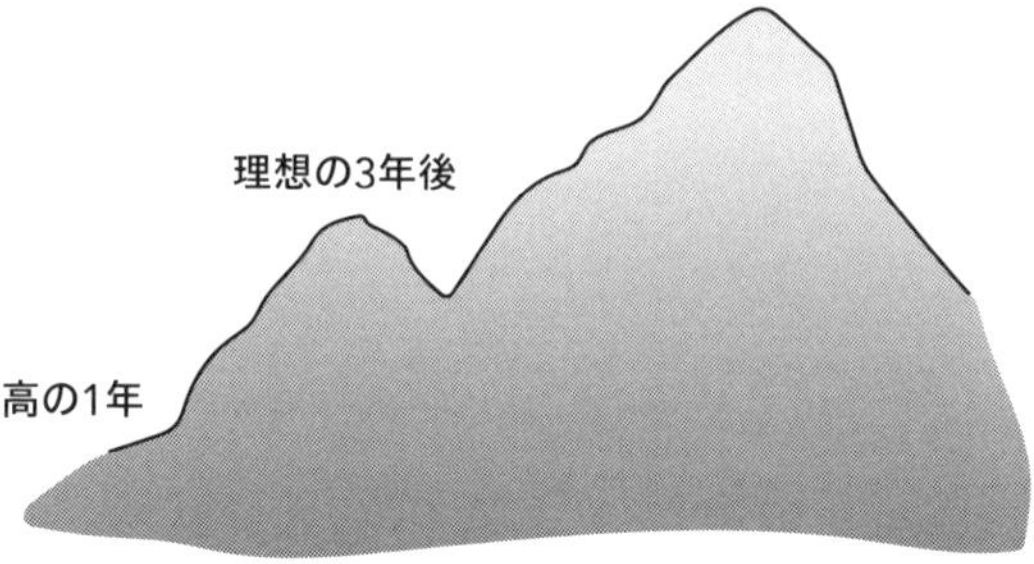

どれか1つでもハマっていけばいいぐらいの気軽さで取り組んでください。

ただし、よりよい人生に向かって方向転換をしていくのためには、**真の目標ー行動ー習慣を設定して、行動していく**ことが必要になります。行動なき理想や動機には意味がありませんので。

一方、目標の上位概念にある理想がなければ、目標は単なる数字でしかなくなります。理想に向けた目印こそ目標なので、その上位概念である未来の方向性をここで明確に描いておくのです。

人生を変える行動は、ディープドライバーと理想の未来のわくわく度に大きな影響を受けます。

究極の未来　究極どうなればいいか？

最初から解像度の高い未来は見えてきません。まずはぼんやりとした解像度20％ぐらいのものを出して、重ね塗りするように徐々にブラッシュアップしていくことが大切です。心のコンパスを頼りに理想の地図を描いていきましょう。

まずは、「究極の未来」を想像してみましょう。

あなたの人生は、究極どうなったらいいのでしょうか？

「究極の未来」です。お金、時間、安定、家族、能力……さまざまな制約条件はいったん脇に置いて妄想の未来ビジョンを描いてみましょう。

本当になりたい姿はどういう状態ですか？

制限がなければ、どうなりたいですか？

自分の願望を明確にしてみましょう。誇大妄想で大丈夫です。

「何の制限もなければ、どんな人生にしたいですか？」

「人には言えないけれど、やりたいと思っていることは何ですか？」

「死ぬ前にやり残したことはないと言える人生はどんな人生ですか？」

「人生、後悔しないために、これだけはやっておきたいということは何ですか？」

「死ぬ前にどんなセリフが言えたら、幸せですか？」


私は、ニューヨークで出版記念公演をしているビジョンを描いてみました。

16年後、私は、63歳になり、海外で2冊目の出版を果たしています。1冊目が大ベストセラーになり、世界で「7つの習慣」と匹敵する1000万部が売れ、33ヶ国に翻訳されています。

私は、2冊目の本の出版のために、家族と習慣化チーム、コーチと共にニューヨークに行き、講演と契約をする日。この日は娘の誕生日なので、ニューヨークで家族とチームでお祝いしています。

究極の未来　2040年7月2日

ニューヨークで出版記念講演をしている。
会場は1000人を収容する大会場は満員御礼。
雅代、竣太郎、茉奈も参列している。

冒頭にハーバード大学の名誉教授が私の紹介をして、会場に入る。
33ヶ国語に翻訳され、1000万部を超えたベストセラーの
習慣化メソッドの話を聞きたいと世界中から会場に詰めかける。

オンラインでも同時配信のため、10万人が同時視聴している。

日本から習慣化コーチメンバーがサポートで、100人来てくれている。
講演は大盛況に終わり、出版社とエンパイヤーステートビルの55階で
家族と共に食事をしながら新刊の契約をする。

その後、習慣化コーチメンバーとニューヨークのバーで祝勝会をして飲み歩く。
もう大人になった、竣太郎、茉奈も一緒に輪に入って談笑している。

これから世界チームと共に、習慣化メソッドを各国で法人、個人向けに
展開していくプロジェクトを各チームリーダーが各国の担当者と交渉している。

さて、ここまで書くのも恥ずかしいのですが、みなさんは、人には見せる必要はありませんから、制限がなければどうなりたいか、そっと書いてみてください。

私の場合、1000万部が重要なのではなく、本質的に広く影響する、長く影響するというディープドライバーの象徴がビジョンに含まれています。そして、ディープドライバーから広がった究極の未来は、北極星になり、人生がどこに向かうといいかのベクトルになっています。

ここまで書いて、大風呂敷を広げている感覚はありますが、大切なことは純度の高いわくわく感が湧き上がることです。

コーチングでも、頭をいったん制約条件から抜け出させるために、ぶっとんだ目標を書くことは、効果的なアプローチの1つとして確立しています。

ぜひ、お金、時間、立場、経験、能力などの制約をオフにして発想してみましょう。そこにディープドライバーが含まれています。

理想の3年後
制限がなければどうなっていたいか？

最初に究極の未来を描きましたが、これには「お金や時間などの制限がないとしたらどうしたいかという理想や願望を、ディープドライバーから見つける」という目的がありました。いまいち描けなかったという方も大丈夫。このパートの本丸ワークは、これから行う「理想の3年後」だからです。

私がコーチングをするときの未来設定も、**「理想の3年後」**。現状が嫌で何か方向性を変えたい人、また今の職場や仕事は変えなくても、自分の成長の次元を上げたい人は、今の延長線上ではない未来、理想像を描きましょう。

最終章でも書きますが、私たちの未来は2段階のプロセスでつくられます。「7つの習慣」でスティーブン・コヴィー氏は、第1の創造（頭の中）、第2の創造（現実）と言っています。iPhoneもディズニーランドも、すべての創造物は、まず誰かの頭の中で創造されて、次に現実になっています。なんとなく理想的な未来が実現するのではなく、明確に頭の中で描いたものだけが現実になっているのです。

では、なぜ、理想を描くのに「理想の3年後」を見るのが最適なのでしょうか。

2つ理由があります。

1つ目は、3という数字は人間が区切りやすく、考えやすい、覚えやすい数字だから。単純に、「3日、3週間、3ヶ月、3年」は、イメージがしやすいのです。

2つ目は、短過ぎても長過ぎてもダメだから。1年後だと現実的な目標になりすぎてしまいますし、一方、5年後、10年後だと想像がつかないことが多いからです。

私がコーチングをしてきた中でも、まずは理想の3年後に、現状の延長線上ではない未来を描き、結果的に大きな変化を手に入れている人が多くいます。

そのとき大切なことは、MUST（あるべき姿―すべき）ではなく、WANT（ありたい姿、―したい）という意識で取り組むことです。

また、理想の3年後を描くときは、ディープドライバーをベースに、**できるかどうかではなく、こうなれたらいいなという理想を描いて**みてください。

「自分にできるだろうか」「大それたことは書かないでおこう」「見られたら笑われるんじゃないか」という他人の目はいったん脇に置きましょう。

誰も見ていませんので、好き放題に願望を書くことです。

頭で理性的に考えるのではなく、ディープドライバーから湧き上がるものを書くことです。その書いた理想の中にあなたの未来を描く重要なキーワードが出てきます。

それでは、理想の3年後を描くワークを2つ紹介します。

1 理想の3年後を描く10の質問

理想のビジョンを明確にするために10の質問で自分にインタビューをしてみましょう。

まずは、前章で描いたディープドライバーマップを見ながら、落ち着いたカフェやリラックスできる場所で30分ぐらい時間をとってノートに書いてみてください。質問から湧いてくる言葉をどんどん書いていきます。芋づる式に出していく、ジャーナリングの方法をとってみてください（102ページ～「問いから出す」を参照）。

次の質問はきっかけであって、大切なのは、湧き上がる理想を言語化していくことです。

そして、何度も自分に問いかけることです。最初は問いかけに慣れていないため、なかなか言葉が湧いてこなくて当然です。徐々に自分の理想や願望が言葉になってきます。繰り返しますが、今できないからやめるのではなく、とにかく続けてください。英語と同じように、続けていけば、やがてスラスラ出てくるようになります。楽しんで取り組んでみてください。

❶ 理想の3年後、あなたはどんな人生を送っていますか？
❷ どんな仕事をしているのですか？　どのような働き方をしていますか？
❸ 一番やりがいを感じていることは何ですか？
❹ どんなディープドライバーが活かされていますか？
❺ 周りからどんな評価を得ていますか？
❻ どこに住んでいますか？
❼ 人間関係（家族、職場、友人関係）はどんな状態ですか？
❽ 休日は何をして過ごしていますか？
❾ 一番楽しいことは何ですか？
❿ あなたがこの3年間で一番嬉しかったことはなんですか？

2　理想とテーマを書き出す

では、先ほどのワークで、発散させた理想の3年後を左のようにコンパクトに言語化して、そのためのテーマ（大目標）を書いてみましょう。

これは、人事部で働くワーキングマザーの例ですが、ディープドライバーに、「自由なワークスタイルで働く」「コーチングする」「相談にのる」というキーワードがあると、3年後の理想としてなぜこれを描いたのか、理想のビジョンの中核にドライバーがあるかが検証できます。ドライバーから投影された理想は本物です。

理想は、どんどん修正して問題ありません。ディープドライバーだけが明確になっていても行動しようがありません。

このように、未来の方向性を描いてテーマを書いてみると、動くことができます。動くことができたら、本当にそれが自分のやりたいことなのかどうか、検証ができます。

動くきっかけのためのワークです。目標―行動―習慣というパートでより具体化していますので、今はテーマレベルが書けていれば十分です。

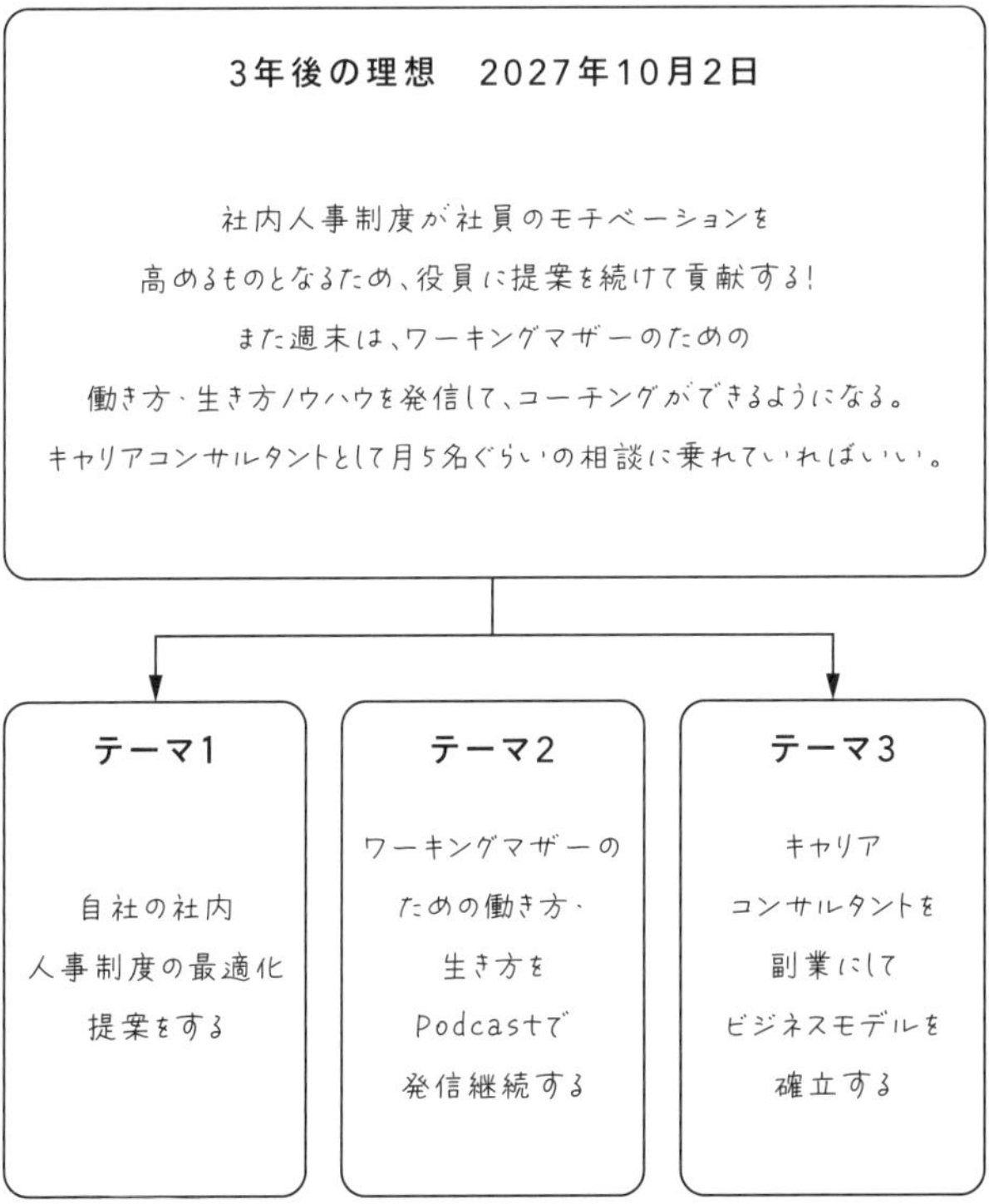
3年後の理想　2027年10月2日
社内人事制度が社員のモチベーションを
高めるものとなるため、役員に提案を続けて貢献する！
また週末は、ワーキングマザーのための
働き方・生き方ノウハウを発信して、コーチングができるようになる。
キャリアコンサルタントとして月5名ぐらいの相談に乗れていればいい。
テーマ1
自社の社内
人事制度の最適化
提案をする
テーマ2
ワーキングマザーの
ための働き方・
生き方を
Podcastで
発信継続する
テーマ3
キャリア
コンサルタントを
副業にして
ビジネスモデルを
確立する

最高の1年後　最高の1年後はどんな状態か？

最後に、「最高の1年後」を描きましょう。

1年後の理想は、2つの視点があります。

1つ目は、逆算思考で考えることです。3年後の理想のビジョンからこの1年はどのような状態になればいいのかということです。

2つ目は、今ここ思考で考えることです。これは、生活における充実度（仕事、身体の健康、心の健康、自己学習、趣味、お金、楽しみ、人間関係）など Quality of Life（人生の質）を高めるための視点です。

これらを次のFutureマップに書いたら、理想の未来を描くワークは終了です。

Future MAP

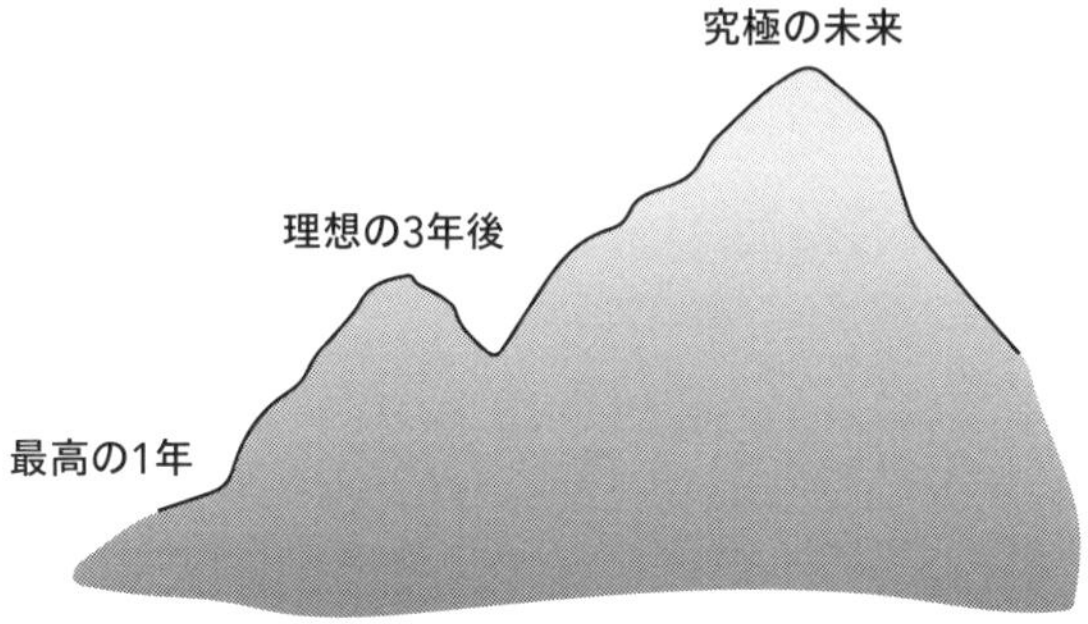

最高の1年

理想の3年後

究極の未来

Futureマップにまとめる

最後に　Futureマップとして1枚にまとめていきましょう。

描き方は自由ですが、サンプルとして山脈型の図を出しておきます。ある人事部の人材育成担当Aさんの事例です。

Aさん（大手化学メーカー勤務40代男性）のディープドライバーは、一人一人の可能性を引き出すサーバント型リーダーとして縁の下の力持ちをすることです。そのために、社内コーチという第三者がいることで、上司と部下、チーム間で起きている摩擦や問題を解決する文化をつくりたい、と思っています。

究極の未来は、「会社の新規事業で子会社として社内コーチ育成を専門とする会社を設立。会社の事業資金と信用もあり、一気に業界で3位の規模になった。それを機に本を出し、海外でも講演に呼ばれている」というものです。

Future MAP

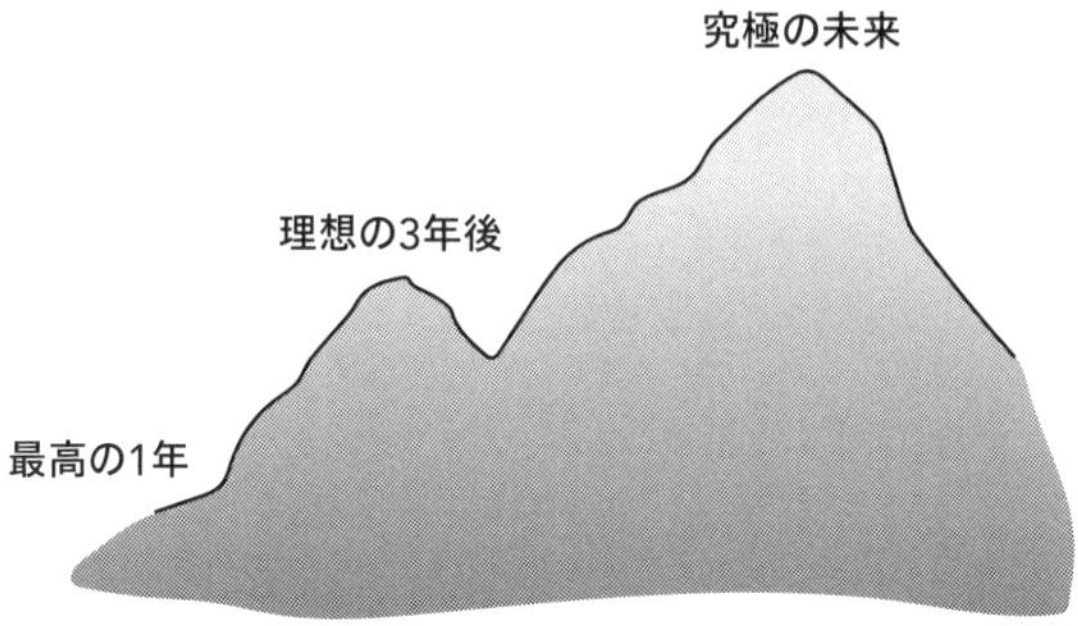

最高の1年

人事部で、企業内研修を担当して社内コーチ育成プログラムをスタートしている。
健康も完璧、スキルアップとしてコーチング練習を続けている。

理想の3年後

全社（1万人）に向けて社内コーチ育成と1on1制度の運用をまとめるプロジェクトリーダーに。その成果が外部の学会でも評価され、代表スピーチをした。

究極の未来

会社の新規事業で子会社として社内コーチ育成を専門とする会社を設立。会社の事業資金と信用もあり、一気に業界で3位の規模になった。それを機に本を出し、海外でも講演に呼ばれる。

理想の3年後は、全社（1万人）に向けて社内コーチ育成と1on1制度の運用をまとめるプロジェクトリーダーになること。その成果が外部の学会でも評価され、代表スピーチをするという未来を描きました。

最高の1年後は、「社内コーチプログラム」をつくり出し、それを検証できている状態に設定しました。コーチング知識はあるものの、社内コーチとなると、どのような形で組織に導入できるかわかりません。そこで、まずはプロトタイプをつくることを目標にしています。

未来の方向性が描けると、次のGoal-Action-Habitに落とし込むことができます。繰り返しになりますが、**理想と目標の違いは、理想はわくわくベース、目標は数値ベースです。**

一度書いてすぐにできるという完璧主義を脱し、何度も書くことで解像度を高めていく、という最善主義で取り組んでみてください。

最終形で大切なことは、**ディープドライバーから未来ビジョンを描き、真の目標に落として、行動していくことです。**

まずは仮説で動く。動くと、それまで見えなかったものがどんどん見えてきます。
行動すれば、より理想が鮮明に見えてきます。

さあ、まずはバージョン1・0を書いてみましょう。

2 Relation

豊かな関係性

どのような関係を
つくりたいか？

Relationピラミッド

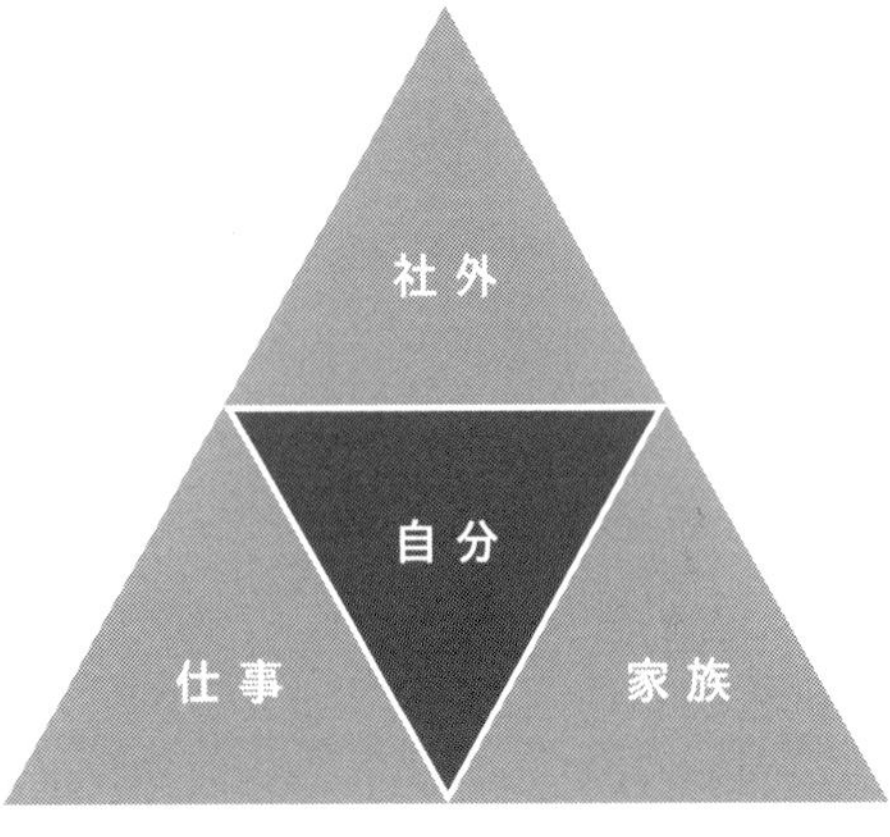

どうなりたいか？　のフェーズでもう1つ押さえておきたいのが、「Relation　豊かな関係性」です。

人間関係の質が人生を決めるということに疑いはないと思います。

大切なことは、自分を突き動かす動機から理想の未来を描き、**誰とどんな人生を歩んでいくのかを決めること**です。

人間関係の選択と時間の選択が人生を決めます。人生を変える秘訣は、「住む場所を変える、時間の使い方を変える、付き合う人を変える」と言ったのは大前研一さんですが、まさに、普段、誰とどのような時間を過ごすかで人生は決まります。

単純な目標達成のための人間関係ではなく、**長期的に豊かな関係をつくるということがこの項目の主題**です。

ハーバード大学の「成人発達研究」という、85年間という長期にわたる調査を記載した『THE GOOD LIFE』によると、「幸せな人生の条件とは、人間関係」とあります。

理想の未来も一人ではなく誰かとつくり上げるものなので、どんな人と一緒にいるかは、それによって人生の質が決まると言えるほど、私たちの人生への影響力が大きいものです。

人間関係の質＝人生の質です。

自分のディープドライバーから動くといっても、誰とやるのか、誰と感動や成果をともにするのかで、充実感に大きな差が生まれます。

習慣化研究をしていると、よくわかるのは、行動、思考、感情の習慣は、環境から強烈な影響を受けるということです。所属する集団の話し方はもちろん、考え方、感じ方までが似てくるのです。

たとえば、勉強する友達グループに入れば、勉強する習慣が身につきます。逆にゲームばかりの友達グループに入ると、ゲームの習慣がつきます。

ポジティブで自責の人が集まるグループにいれば、自己を信じて、運命は自分で変えられるのだという確信を持っていけますが、いつもネガティブな他責の会話をする人たちといると、自分の思考スタイルも「どうせ、無理だし」となっていってしまいます。

喧嘩ばかりの夫婦関係、信頼できない上司、殺伐とした職場の人間関係の中で過ごすと、周りと同調して、人生のエネルギーが奪われていきます。

そう考えると、誰と付き合うかは、人生を幸せに生きる上で、決して妥協してはいけないテーマです。

人間は、環境に適応する生き物です。だからこそ、2つ提案があります。

1つ目は、環境、付き合う人を選びましょう。その関係を見直しましょう。

2つ目は、その関係を変えられないなら、自分がよい影響を与える人になりましょう。

あなたは、どんな人間関係の中で日々を過ごしていますか？

上司との関係、同僚との時間、家族との時間、社外との関係はどんな状態でしょうか？

どんな関係にもプラスもあれば、マイナスもあります。このあとのRelationマップの中で、4つの関係性を考えてみましょう。

それぞれ足りていること、足りていないことを書き出すことで、豊かな関係性への改善のための習慣のヒントが見えてきます。

理想の未来に向けてポジティブに進むために、どんな人とどのような関係でどれくらいの時間をともに過ごすのかを考えていきましょう。

誰と一緒に実現するのか、どのような人と関係をつくるのか？

人間関係もいろいろですが、次の4つに区別して、考えてみます。

第1の関係　自分との関係　静かな内省タイム、計画、振り返り、整える時間

第2の関係　家族・パートナー　夫婦関係、親子関係、恋愛関係

第3の関係　職場・仕事関係　上司との関係、部下との関係、同僚との関係など

第4の関係　自由な人間関係　メンター、友人関係、社外勉強会、趣味コミュニティ

第1の関係　自分との時間はとれていますか？

自分との関係と言うと不思議に思われるかもしれません。内向型性格のタイプは、ひとり遊びの時間が心のバランスをとる上で非常に重要です。

①自己啓発の時間はとれていますか？
②欲しい「ひとり時間」がとれていますか？

第2の関係　家族・パートナーとの関係はどうですか？

家族、パートナーとの関係は、理想を100だとすると、今、何％ぐらいですか？　多くの人にとってごく身近な関係の1つは家族・パートナーです。仮に今いなくても、将来欲しいということであれば、それは願望なので書いておきましょう。

①パートナーとの関係の充実度は？（今足りないことは？　どうしますか？）
②子供との関係の充実度は？（今足りないことは？　どうしますか？）

第3の関係　上司、部下、職場の関係はどうですか？

次に仕事、職場での人間関係を見ていきましょう。

信頼関係、安心感、絆があるかないかで仕事の質だけではなく、職場で過ごす時間の豊かさも変わります。

①上司との関係の充実度は？（今足りないことは？　これからどうしますか？）
②部下、同僚との関係の充実度は？（今足りないことは？　どうしますか？）

第4の関係　社外・学び・趣味・師匠　自分に刺激をくれる人はいますか？

サードプレイスとは、「自宅、職場」とは別に存在する、居心地のいい居場所のことです。家庭と、職場以外の居場所を持っている人は、幸福度が高く、落ち込みにくいと言われています。職場と家庭の往復だけの人と、社外コミュニティを複数持つ人とでは、幸福度に差が出るという社会科学の研究結果もあります。

あなたからエネルギー奪う人間関係もあり、逆に充電してくれる関係性もあるはずです。また、自分の目線を上げてくれるメンター、刺激をくれるライバルがいると、成長していきます。

どんな人との関係を大切にするか、大切にしたい人とどのように時間をつくり、誰との時間をなくすか、どのようなコミュニケーションをとるか、人生を豊かにするため、理想の未来に進むために、考えてみましょう。

Relationマップをつくる

次の記入例のように、3つの内容を書いてみてください。
理想の充足度を100%としたときに、今何パーセント満たされているかを書きます。
そして充足していること、不足していることを書き出していきます。

これらはあなたの生活、人生において大切なことになるのであれば、どう動くのか？のパートで扱っていきましょう。

多くの場合は、習慣化による解決策が必要になります。

	実際充足度	充足	不足
第1の関係 自分	80%	・家でひとりで過ごす時間 ・創作タイムで至福の時間 ・時間がコントロールできる環境	・早起きした朝の静かな時間 ・散歩でひとり時間 ・ひとり旅時間
第2の関係 家庭	70%	・妻と話をする時間 ・息子と話をして関わる時間 ・家族旅行の数	・娘としっかり遊ぶ時間 ・子供達と一緒に寝る時間 ・妻とより深く話をする時間
第3の関係 職場	50%	・チームでの会議の時間 ・志を共有できている ・同じ目標に向かって適材適所	・部下と1on1で話す時間 ・チームでの飲み会 ・幹部メンバーとの対話
第4の関係 趣味 社外	60%	・大学院に通って人脈拡大 ・空手道場に通って武道仲間 ・パパ行事でのご近所関係	・同じ興味での深い対話 ・忙しいと上記を休みがち ・勉強練習不足で置いていかれる

研究と実践を軸に長野で研究員とコンサルタント

1　プロフィール

佐竹 宏範　プロジェクトファシリテーター／ワークショップデザイナー

２０１８年11月に信州大学による『信州１００年企業創出プログラム』で松本に。信州大学客員研究員として、地元企業の経営革新に取り組みながら、組織開発・人材開発の研究を行った。複数の仕事を持ちながら、東京と松本の２拠点生活を経て松本へ移住。

2　抱えていた問題

元々、ベンチャー企業のマネージャーとして、バリバリとやりがいを持って35歳まで自由に働いていました。しかし、突然会社の方針が変わり、大幅な組織変更で、役割が変わりました。

この会社では自分の未来を描きにくいと思い、何をしたいのか、どういう道があるのか、自分の働き方を変えるべく、習慣化の学校に参加して、もともと苦手だった自己探求に取り組もうと思いました。

3 メソッドの取り組み

ディープドライバーのワークで「研究する」と「実践する」が鍵だと認識できました。それに合う会社、NPOなどの団体の活動を大量に見てまわり、未来の方向性を描くために活動をしました。内省と行動を大量に繰り返し、面接だけでも30社は受け、ヒントになりそうなイベントには顔を出し、情報収集、人と会うことに半年間時間を投資しました。

そんなときに、たまたま2018年11月に信州大学による『信州100年企業創出プログラム』の募集があり、まさに「研究と実践」ができる働き方だと思い、応募。狭き門をくぐり抜け、一期生プロジェクトのメンバーに選ばれて、長野に移住することになりました。

4. その後の変化

大学での研究と長野の地場の会社の新しい挑戦のお手伝いをしました。たとえば、餃子OEM専門メーカーにて、D2C事業として、タンパク質1・5倍カロリー糖質50％オフ脂質88％オフの『マッスルギョーザ』事業を立ち上げ成長させるなど、地方中小企業にて、人材育成をしながら新規事業の立ち上げなどに取り組むコンサルタント、ファシリテーターとして長野で積極的に活動。結果、現在は松本市の地域活性化プロジェクトまで手掛けるようになりました。

現在は、個人の会社「プレイフルイノベーターズ」を立ち上げ、組織開発、地域創生プロジェクトに積極的に取り組んでいます。

フェーズ3

どう動く？

行動ジャーナルを始めよう！

Deep Driverメソッド		
フェーズ1 何がしたい？	フェーズ2 どうなりたい？	フェーズ3 どう動く？
Deep Driver 突き動かす動機	Future 未来の方向性 Relation 豊かな関係性	Goal 真の目標 Action 効果的な行動 Habit 繰り返す習慣

答えは内側にあるが、運命を変えるきっかけは外側にある

フェーズ1「何がしたい?」、フェーズ2「どうなりたい?」では、自分を突き動かす動機を探り、未来の方向性、豊かな関係性を描きました。

自分が何者で、人生をどのように生きるかは、自分の内側を探るしかなく、内省がスタートラインになります。しかし、**実際の人生を変えていくのは行動です。**

人との出会いや直感、ひらめき、偶然から、人生は思ってもみなかった方向に展開していくものです。

まさに、やりたいこと、天職への出会いは偶然の産物です。

その意味では、スティーブ・ジョブズが言った「conecting the dots」は、「将来を見据えて点と点をつなぐことはできない。あとになって振り返ってみたとき、つながっているのがわかる。だから、今、行動を起こそう。点と点がつながると信じなければならない」

と、人生の本質を語っています。

しかし、自己理解が浅く、方向性が漠然としすぎている中で行動しても、混乱が極まるばかりです。その意味では、Driver-Future-Relationと自分の願望を深掘りしたことによって、あなたは、運命を変えるきっかけに出会いやすい状態になっています。

『引き寄せの法則』という本が流行りましたが、コーチングをしていると、不思議なことに、願望が現実を引き寄せているケースを数多く目にします。そして、よい運命に流れていく人は、ディープドライバーに生きている人なのです。自身のディープドライバーから描いた未来をヴィジョンとして見ている人なのです。それが、「願望が現実を引き寄せる」ということなのでしょう。

この章では、内省の次の段階として「行動」を扱います。

さて、唐突ですが、行動することによって偶然が展開し幸運を得る、ことのわかりやすい例が、わらしべ長者の物語です。

ある貧乏人の男が、観音様から「初めに触ったものを、大事に持って旅に出なさい」とのお告げをもらい、男は偶然手にした1本のわらしべを持って旅に出ることになります。通りがかった男の子がわらしべを欲しがるので、わらしべを男の子に譲り、男はお礼にみかんを受け取ります。

さらに歩くと、男は、喉の渇きに苦しんでいる娘に出会います。男はみかんを譲り、布を手に入れます。次に侍に出会います。侍の愛馬が急病で倒れてしまい、町で布を手に入れるはずができなくなっていました。男は侍が困っていたので、手に持っていた布と馬を交換します。

男が馬に水を飲ませると、馬は元気を取り戻し、旅を続けます。道を進んでいくと、大きな屋敷に行き当たります。屋敷の主人は、男に屋敷の留守を頼み、代わりに馬を借りたいと申し出てきます。

主人は3年以内に帰ってこなかったら屋敷を譲ると男に言って旅立っていきました。3年待っても主人は旅から帰って来ることはなく、男は屋敷の主人となり、裕福な暮らしを手に入れました。

あくまで寓話ですが、私がコーチングをしていて、天職を見つけたり、運命を変えていくストーリーを聞くと、ほとんどの場合、このような人との出会いや偶然の出来事がきっかけになっていることがわかります。

次のページの図で、努力のパラダイムと、運のパラダイムという比較をしてみました。努力のパラダイムは、直接的で計画的な行為によって起こることです。たとえば、「キャリアカウンセラーの資格を取る」「その結果、採用支援会社に転職する」という直線的な努力と結果の流れを示しています。

運のパラダイムは、間接的で連鎖して起こる出来事でつくられるものです。たとえば、「キャリアカウンセラーの資格をとる→スクールに通っている同僚に組織開発のコーチング講座を教えてもらう→体験セミナーに行ってみる→こちらのほうがより自分に合っていると深く感じる→この講座で出会った人の会社で求人募集がある→応募したら採用される→組織開発コンサルティング会社に就職できた」という具合に非線形の流れです。

「行動と結果」のパラダイム

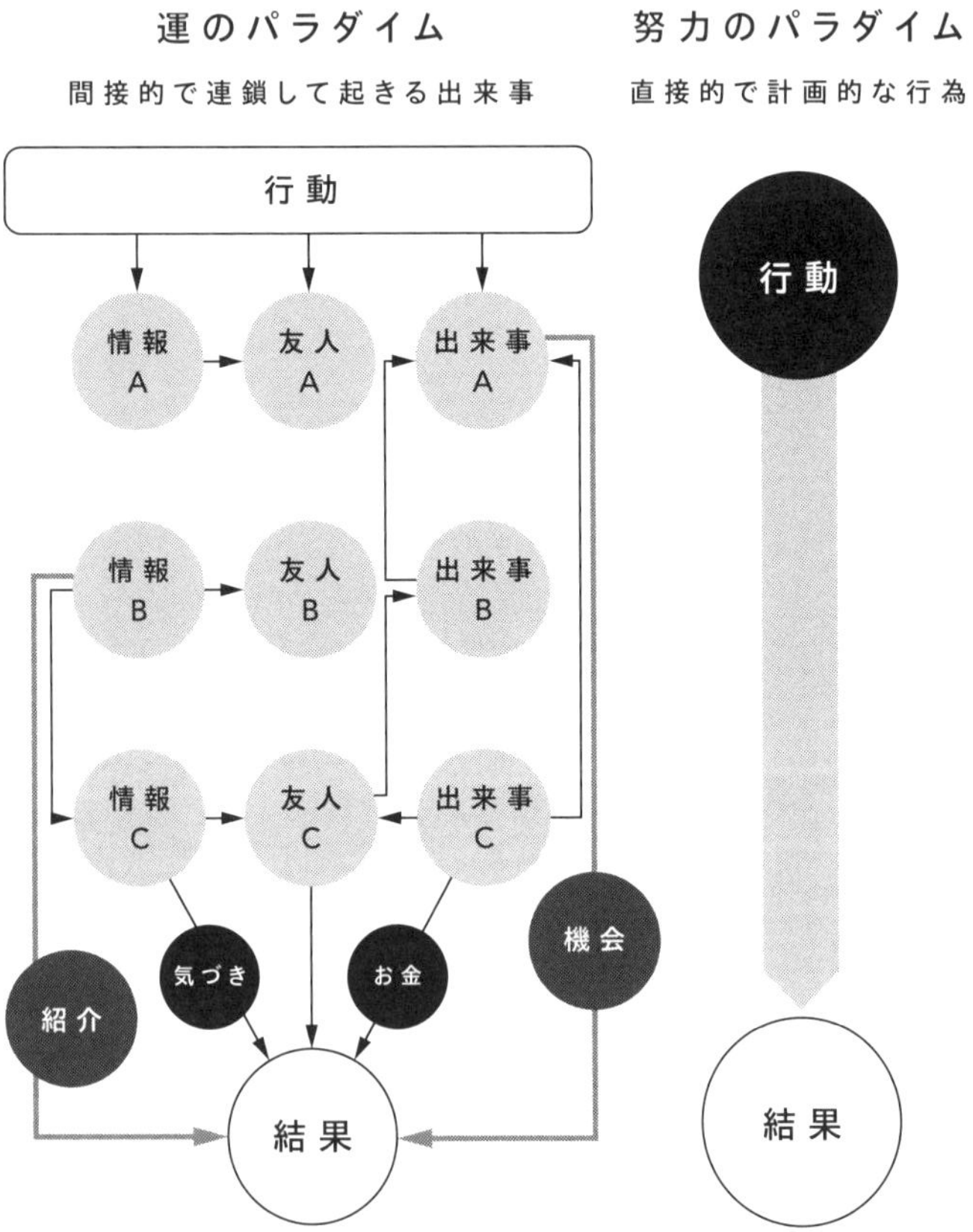

後者のケースは、最初に立てたプランはあくまで、踏み出すきっかけであり、その先で、偶然出会った人や情報、イベントがヒントになり、予想していなかった展開に発展していきます。

だからこそ、ディープドライバーと未来の方向性が見えたら、ゴールをつくり、動き出すことが重要です。

そして、**当初のプランに固執することなく、ディープドライバーというコンパスを頼りに、理想やゴールはどんどん柔軟に修正していきましょう。**

コロコロ変わるのはよくありませんが、理想やゴールを最適化していくには、「アジャイル（状況の変化に対して素早く対応すること）」のマインドが大切です。

ディープドライバーという自分軸は、もう言語化できているのですから、安心してオープンマインドで現実の中で、運命を変えるきっかけに出会っていきましょう。

行動ジャーナリングは、Goal-Action-Habitを書く

先に述べた通り、内省と行動は相互に影響し、進化していきます。

「考えてから行動する」を頭に、**「考えるために行動する」**を足に備えましょう。

うまくいく人は、頭と足で、内省と行動を高速にぐるぐると発展させていきます。そのスピードが10倍速い人、１００倍速い人、１万倍速い人という差があるだけです。

行動を高速循環で回していくために「行動ジャーナリング」をおすすめします。

Driver-Future-Relationの３つのマップを見ながら、**Goal-Action-Habit（目標－行動－習慣）という流れ**で書いていきましょう。まずはざっくり説明したあと、１つずつ、書き方を交えて詳細を解説していきます。

Goal-Action-Habit

Goal

Deep Driver MAP

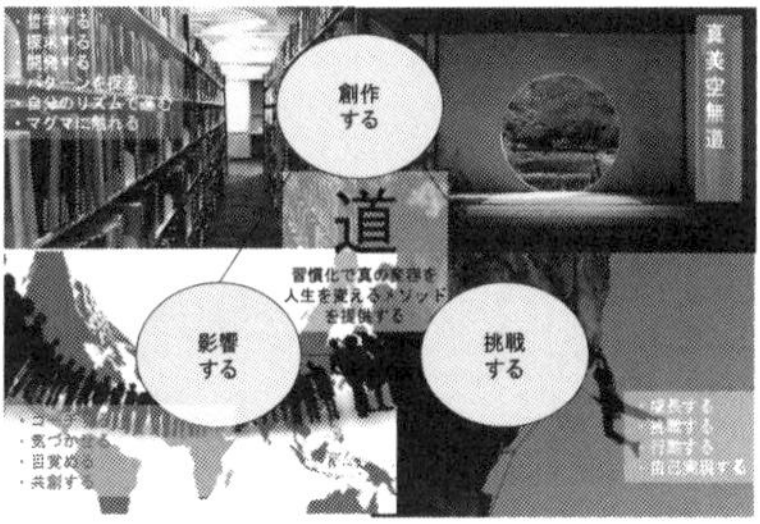

Action

Future MAP

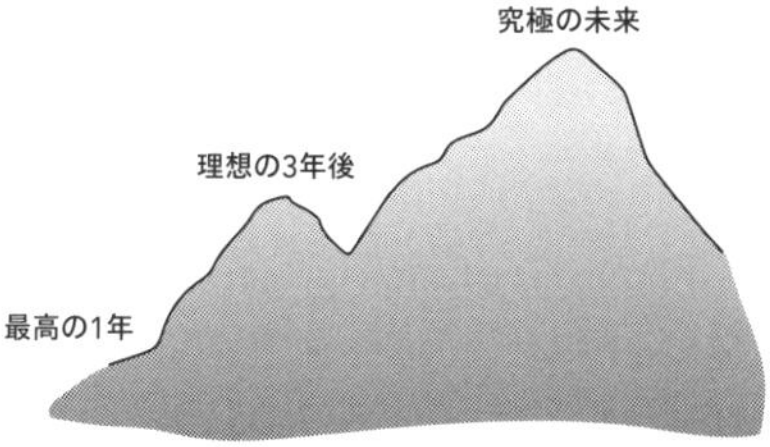

Habit

Relation MAP

	実際 充足度	充足	不足
第1の関係 自分			
第2の関係 家庭			
第3の関係 職場			
第4の関係 趣味 社外			

1　Goal　真の目標

まず、Driver-Future-Relationを見ながら、一定期間（1年間、3ヶ月、1ヶ月）で何を達成していくかを書き出します。

難しく考えず思いつくまま**目標リスト**を書きます。それから、**1つの目標に絞ります。**

目標の達成力は、「情熱」と「集中」によって生まれます。

2　Action　効果的な行動

次に、絞った1つの目標に対して10の行動アイデアを書き出していきます。こちらも「広げて絞る」の法則です。

3　Habit　繰り返す習慣

真の目標達成は一朝一夕では成し得ません。努力と行動の積み重ねによって真の成果は

行動ジャーナリング
Goal-Action-Habitを書く

ステップ

Goal	Action	Habit
真の目標	効果的な行動	繰り返す習慣

得られます。また、偶然や運命との出会いも、どれくらい数をこなすかで、出会えるかどうかが変わります。

習慣は、日次、週次、月次という視点で考えると、最高の習慣を見つけることができます。当然内省と行動は分離されるものではなく、全体循環するものなので、決めることと柔軟性を同時に併せ持ち、行動して内省して最適化していきましょう。

では、これから、順に詳細を述べていきます。

Goal　真の目標を設定する

それでは、189ページに挙げた表を埋めていきましょう。

まず、Driver-Future-Relationのマップから、目標（Goal）を設定していきます。ここでの目標の定義は、**Driver-Future-Relationという内なる世界で想像したものを外なる現実世界に変えていく**ために動き出すためのものです。

目標設定の目的は、3つあります。

1つ目は、ディープドライバーをより明確にすること。
2つ目は、理想の未来に近づいていくこと。
3つ目は、大切にしたい人とよりよい関係になっていくこと。
以上です。詳しく見ていきましょう。

1　Driver　突き動かす動機を検証するための目標設定

ディープドライバー・マップ（突き動かす動機）には、あなたを動かす言葉があり、まだ検証されていない動機もあるでしょう。行動すれば、感じることができ、何がドライバーかを深く感知することができます。特に、未来の方向性や豊かな関係性に行く前に、まだディープドライバーを深掘りしたい方は、動機から目標を設定してみてください。

2　Future　最高の3年後、1年後から逆算した目標設定

Futureマップ（163ページ）を見てみましょう。3つの視点「究極の未来」「理想の3年後」「最高の1年後」を描きました。3年後と1年後の理想がしっくりきているならば、理想に近づくための目標を設定していきましょう。

最高の1年後から落とし込むとすると目標は何でしょうか？

3　Relation　豊かな関係性をつくるための目標設定

Relationマップ（177ページ）の充実度を見てください。80％もあれば30％もあり、足りているところ、足りないところが明確になっていると思います。

誰とどんな関係をつくっていくことがゴールなのかを書いていきます。たとえば、「娘と過ごす時間をつくり、よい関係をつくる」、「チームメンバー5名との信頼関係を高める」などです。

では、具体的にゴールリストの事例を紹介します。

STEP1　ゴールリストを書く

まずは、ディープドライバー・マップ、Futureマップ、Relationマップに対して、やってみたいことを書いていきます。

ディープドライバー・マップは、ドライバーを刺激してくれる目標、Futureマップは、理想からの目標、Relationマップは、よりよい関係の目標です。

いずれか1つのマップに対してゴールを書くということでもかまいません。「サンプル」としてはすべて書いています。

Goal

1、習慣化を物語小説として書く
2、アメリカで習慣化セミナーを開催する
3、改善力習慣の本を書く
4、習慣化手帳をつくる
5、法人分野の習慣化事業部をつくる
6、習慣行動変容の研究を深める
7、家族と年間4回、2泊3日の旅行に行く
8、娘と過ごす時間をしっかりつくる
9、チームメンバーとの絆・志を強固にする
10、心身ともに最高の健康を手に入れる

いずれにしても、目標リストは、できたらいいな！　という楽しさマインドで、10個ぐらいを目安にリストアップしてみてください。

STEP2
ONE GOAL（1つのゴール）に絞る

ゴールリストを書き出すと全部やりたくなるのですが、ゴールが多すぎると、意識が散漫になり、結局、何もできなかったと、敗北感と嫌悪感に陥りがちです。その結果、何も達成しなかったとなるくらいなら、「目標はたった1つに絞る」ことをお勧めします。

1つに絞る意図は、完全に100％集中したほうが目標達成は前に進むからです。

1つ達成したら、次の目標に集中する。このほうがシンプルですし、エネルギーも時間も一点集中できます。その結果、確実に達成することができて、達成感と肯定感を得ることができます。

今回の事例では、「習慣化手帳をつくる」に絞りました。

STEP3　定量的な目標にする

最後に、絞った1つのゴールだけでいいので、数字を入れてみましょう。「いつまでに」「どれぐらい」「いくら」「何名」「何キロ」「いくつ」と数字を入れると具体化していきます。

このように、ゴールリストを10個書き、1つに集中するために絞り、数字を入れる。これで、「Goal」は完了です。

絞ったOne Goal

▼

10の行動リスト

▼

3つの効果的なAction

Action　効果的な行動を絞り込む

次に、最重要目標「ONE GOAL」に対して、効果的な行動を考えていきます。

私がコーチングでやっているのが、**行動フォーカスアプローチ**です。経験がなく、正解がないときは、きっかけとなる行動アイデアを10個書き出して発想を広げておきましょう。

思考の行き詰まりが、行動の行き詰まりをつくっています。**わからないから動かないのではなく、動くからわかっていく**という順番で考えていきましょう。

行動アイデアを出す3つの視点

行動アイデアを出すときの視点は、次の3つです。

1　調べる

まず、1日15分でいいので、自分が目指すゴールに向けての情報を1週間調べてみてください。今の時代は、調べる手段には事欠きません。Google、ChatGPT、YouTube、ネット記事、本屋、図書館、論文検索などで膨大な情報に触れることができます。翻訳機能も優れているので、海外の情報にもアクセスできます。

質の高い情報に触れることができると、視野が広がり、視点も増えます。調べることで多くの専門家、メソッド、理論に行き着くことができます。生成ＡＩに聞いても、たくさんの行動アイデアは出てきます。

1つ気をつけないといけないのが、情報が多すぎて何をしたらいいか混乱してしまうことです。調べる時間を1日15分、1週間やってみると、多くの人が言及していること、自分に合う筋のよいアプローチが見えてくるはずです。調べる時間には制限を設けて、早くそれを行動に移してみましょう。

2　人に会う

次の視点は、人に会って話を聞くことです。運命を変えるきっかけは人との出会いから生まれます。その多くは、何気ない雑談や、紹介された人との出会いだったりします。

初めてのことだと、「答えが見えない」「何をしたらいいのかわからない」は、誰でも同じです。そういうときは、経験者に聞いてみるのが一番です。

フルマラソンに挑戦したいならば、職場や友人で経験者3名に聞いてみることです。「ネット」でプロの解説動画を見るのもいいですが、友人の経験から直接語られるあなたのための話は、ネット上の情報とはレベルが違います。貴重なアドバイスとして、気づきや刺激があるものです。

3 小さく試す

最後の視点は、小さく実験してみることです。

やってみたいけれど、まだ行動していないことについては、実際に自分にとってよいことかどうかわかりません。

けれども行動すれば、ディープドライバーが刺激されるかすぐにわかります。その結果、これは違う、ということならば、また別のことをやればいいのです。

何か情報発信したい人ならば、まずは公開しなくてもいいので、「ブログに書いてみる」「音声発信をしてみる」「スマホで動画収録してみる」などです。

行動すれば、次の現実が見えてきます。試してみること以上に、最高の検証する方法はありません。

行動リストをつくり、絞り込む

STEP1　行動リスト10を書く

Goalに対して、アクション（行動アイデア）を書いていきましょう。

このときに大切なのが、先ほどの「1調べる　2人に会う　3小さく試す」の視点です。3つの視点から発想してみると、行動アイデアはすぐに出てくると思います。

「3ヶ月で習慣化手帳をつくる」というゴールに対して、「書店の手帳コーナーに行ってみる、ほぼ日手帳、ジブン手帳を研究する、手帳プロジェクトチームを発足させる、週に1度手帳会議を開く」という具合に、行動アイデアを出していきます。

10個書き出せば、少なくとも3つぐらいは、筋のいい行動が出ているものです。

選択肢が少ないといい行動に行き着けないので、まずは発散的に書くことをお勧めします。どうしても出てこないという人は、ChatGPTに聞いてみましょう。

STEP2　最重要行動を3つに絞る

リストの中から、**インパクトが強い3つの行動を絞ります。**絞る基準は、「結果につながりそうな行動」「わくわくする行動」「その先ヒントが見えそうな行動」など自由です。結果に迫るかどうかわかりませんが、行動すればヒントが見えてきます。まずはこうやって動き出すことが大切です。３つに絞れば行動もシンプルです。

ここでは、例として、左の表のうち、４、５、10の３つを最重要行動に設定しました。

STEP3　行動を具体化する

最後に、３つの最重要行動を具体化していきます。

❶「何を」「どうする」は具体的か？
❷「いつ」「どの場面」で実施するか？
❸「誰に対して」やるのか特定されているか？
❹「どれくらい」やるのか量は明確か？

具体的には、「４　習慣化チームとプロジェクトチームを発足」（２週間以内に５人のメ

Action

1、大型書店の手帳コーナーに行ってみる
2、ほぼにち手帳、ジブン手帳を研究する
3、海外の手帳を調べてみる
4、習慣化チームとプロジェクトチームを発足する
5、3ヶ月後の完成までのプランを作成する
6、習慣化ユーザーに要望をヒアリングする
7、プロのデザイナーに依頼して完成させる
8、手帳の専門家に話を聞く
9、出版社に手帳企画を持ち込む
10、週に1回チームで習慣化手帳会議をする

ンバーと)、「5　3ヶ月後の完成までのプランの作成」(3日以内にエクセルで工程をまとめる)、「10　習慣化手帳会議」(週1回、1時間、社外のカフェで)という具合に具体化しました。

大切なことは、やってみることです。行動したらさらに、やってみたくなることかどうか検証しましょう。

行動すれば、感情が動く、知恵も湧いてくる、何より直感が答えを教えてくれます。

行動主義で発想していきましょう。

動けば、運気がよくなり、よい情報、人との出会いが舞い込んできます。

Habit
日次、週次、月次と関係のバランスを盛り込む

最後に習慣です。**「行動が一時的なものだとすると、習慣は継続的な行動」**です。
すべての行動が習慣である必要はありませんが、多くの場合、何かを実現しようとすると、行動を習慣にする必要が出てきます。

フルマラソンもいざ練習するとなれば、週に4回、○km走る。そのためには、朝5時に起きる、寝るのは22時などとなります。どんな目標でも、達成するには、一時的な行動ではなく習慣としていくことが必須となります。
習慣というと、毎日のイメージがあるのですが、**定期的に繰り返す行動**と考えてください。

習慣は、3つの切り口で考えます。

Habit

月次
プロのデザイナーと打ち合わせする
初月で見本、次月で校正、最終月でデザイン。

週次
週に1回の習慣化手帳会議を決める

日次
手帳関連情報を1日15分調べる

1つ目は、日次の習慣です。

1日の生活リズム、確保したい時間を決めます。理想的にはどう過ごせたらいいのか、一定の勉強時間、一人の時間などを確保するなら、生活のバランスの中で考えることが必要になります。


2つ目は、週次の習慣です。

1週間単位で何をするかの習慣的行動を決めます。週に2回なら何曜日か、週に1回なら、どの時間にやるか、などです。

週単位でやることを決めると、1日単位で決めた行動も柔軟に変化できます。


3つ目は、月次の習慣です。

これは、月に1回の交流会に参加するとか、月に1回のマラソンサークルの集まりに参加するなどです。

実現ハードルの高い長期での目標は、可視化されたスケジュールに基づいて、1つずつクリアしていく地道な「積み上げ習慣」が必要になります。何も進まない場合に多い原因は、やりたいこと、やるべきことを、時間という枠組みの中で定義し計算できていないことです。

そのためにも、左のような表に書き込むことからすべては始まります。

次のページから、日次、週次、月次それぞれの記入例も交えて詳しくご説明します。

月次

月	火	水	木	金	土	日
28	29	30	31	1	2	3
4	5	6	7	8	9	10
11	12	13	14	15	16	17
18	19	20	21	22	23	24
25	26	27	28	29	30	31

週次

	月	火	水	木	金	土	日
5:30							
6:00							
6:30							
7:00							
7:30							
8:00							
8:30							
9:00							
9:30							
10:00							
10:30							
11:00							
11:30							
12:00							
12:30							
13:00							
13:30							
14:00							
14:30							
15:00							
15:30							
16:00							
16:30							
17:00							
17:30							
18:00							
18:30							
19:00							
19:30							
20:00							
20:30							
21:00							
21:30							
22:00							
22:30							
23:00							
23:30							

日次

5:30	
6:00	
6:30	
7:00	
7:30	
8:00	
8:30	
9:00	
9:30	
10:00	
10:30	
11:00	
11:30	
12:00	
12:30	
13:00	
13:30	
14:00	
14:30	
15:00	
15:30	
16:00	
16:30	
17:00	
17:30	
18:00	
18:30	
19:00	
19:30	
20:00	
20:30	
21:00	
21:30	
22:00	
22:30	
23:00	
23:30	

日次の習慣

最初に日次の習慣を見ていきましょう。

ゴールを達成しつつも、大切にしたい毎日の習慣は何でしょうか？　家族との時間、読書の時間、起業の準備など、明確にしてください。1日は24時間しかありません。

「必要な時間を朝とるのか、夜とるのか、また、どれくらいの時間をとるのか？」**最重要行動として、明確にした行動の中から、日次で繰り返すことがあればルーティンとしていきましょう。**運動をしたいと決めたとして、その時間は24時間のうちにどこでつくるかを決めるということです。

ここで留意すべきは**何かを始めるには、何かをやめなければならない**、ということです。手放すことが何であれ、そこには感情的痛みや代償が発生します。実は、**時間の使い方には感情的な割り切りが必要**です。今のままでいたほうが心配、葛藤、恐怖を避けられるのに、わざわざそれを手放すようなことはしたくない、というのが人の心理ですから。

けれども、小さな選択を変えるだけで、人生は変わっていくものです。**それが累積して**

いくと大きな変化になる。これが習慣です。

次のように、理想のスケジュールを書いてみましょう。たとえば、6時から7時30分は、「未来への投資タイム」を中心にデザインしていきます。このように時間軸でスケジュールを埋めようとすると、朝何時に起きて、夜は何時に寝ることが必要なのかの算段をつける必要があることがわかります。

頭の中ではできそうに思えても、紙の上で計算すると現実的には破綻している計画は多いものです。あなたのやりたいことを絞り込み、それを大切にしたいのであれば、代償として捨てることは何かを明確にしましょう。そして現状と比較して、守るべき最低限の自分ルール、規律を明確にしましょう。

時間	理想の日次
5:30	起床
6:00	未来への投資タイム
6:30	
7:00	
7:30	準備
8:00	通勤
8:30	
9:00	平日：仕事時間 休日：家族時間
9:30	
10:00	
10:30	
11:00	
11:30	
12:00	
12:30	
13:00	
13:30	
14:00	
14:30	
15:00	
15:30	
16:00	
16:30	
17:00	
17:30	通勤
18:00	
18:30	家族と食事・入浴
19:00	
19:30	ストレッチ・筋トレ
20:00	
20:30	一人時間
21:00	
21:30	
22:00	就寝
22:30	
23:00	
23:30	

週次の習慣

次に週次の習慣スケジュールを見ていきましょう。

実際に日次を書いても、日々同じリズムで進むわけではなく、変動があります。飲み会があったり、突発的なトラブルで遅くなったり、土日は平日とはリズムが異なったります。月曜日は習い事があり、水曜日は飲み会が入り、土曜日は遠方に旅行に行くなど、その週によって変動していきます。

日次の習慣スケジュールは、あくまで基本の雛形スケジュールで、突発的出来事や変動への対応に柔軟性があまりありません。

そこで重要なのが、**「日次習慣＋週次習慣」スケジュールを1枚に統合する**ことです。

次のページの例をご覧ください。左端に理想の1日を書いています。これが週次の習慣スケジュールをつくるときにベースになります。しかし、月曜から日曜まではすでにイレギュラーが入っている可能性があります。1つの基準値にしますが、あくまで柔軟性を持って動くには、この週次スケジュールを毎週書いて、日次レベルで見ていくことです。

すでに入っている予定を週次で書いていきます。イレギュラーがたくさん発生すると思いますが、重要なのは、**あらかじめそれを想定しておくこと**です。想定していれば、この日は、どうするかを決めることができます。

この週次スケジュールには、一時的なアクションも予定に入れて行動していきます。

多くの習慣的挫折は、このイレギュラーを想定しきれていない、そのときにどうするかを決めていないために、「できなかった」となってしまうところにあります。そして、例外ルールも明確でないため、行動ゼロで三日坊主になって、やめていってしまうのです。

それをなくすためには、日次の視野ではなく、週次の視野で計画します。

行動を週次で振り返り、計画をしていくことが、このHabitで一番重視したいところです。286～287ページに週次シートを入れていますので書いて行動してみてください。

週 次

時間	理想の日次	理想の週次						
		月曜	火曜	水曜	木曜	金曜	土曜	日曜
5:30	起床				就寝			
6:00	未来への投資タイム	未来への投資タイム		未来への投資タイム		未来への投資タイム		
6:30								
7:00							未来への投資タイム	未来への投資タイム
7:30	準備							
8:00	通勤							
8:30								
9:00	平日：仕事時間 休日：家族時間	週次計画						
9:30								
10:00								
10:30								
11:00								
11:30								
12:00								
12:30								
13:00								
13:30								
14:00								
14:30								
15:00								
15:30								
16:00								
16:30						週次計画		
17:00								
17:30	通勤							
18:00								
18:30	家族と食事・入浴							
19:00		イベント参加		飲み会		勉強会		
19:30	ストレッチ・筋トレ							
20:00								
20:30	一人時間							
21:00								
21:30								
22:00								
22:30								
23:00	就寝		就寝		就寝		就寝	就寝
23:30		就寝		就寝		就寝		

月次の習慣

最後に、月単位で繰り返す習慣を決めてみてください。

毎月決まっていることは多いので、それを先にブロックしていきます。

たとえば、副業で経営者向けのコーチングをするとします。経営者が集まる交流会に月3回参加すると決めたら、日時を調べてスケジューリングです。

他にも1on1ミーティングは、2週間に1回30分、チームミーティングは、毎週火曜日13時～14時30分、月末締めの資料などは、月末に時間をブロックする。家族との旅行日程なども先にブロックして入れておくと、スケジューリングがしやすくなります。


緊急ではないが重要なことからブロックしていくスタイルは、目標を達成している人が普通に行っていることです。

これがすっからかんのスケジュールだと、すぐに仕事の予定が怒涛のように入り、さらに飲み会や他者の予定が入った結果、自分や家族と予定が後回しになってしまうのです。

月に数回、また3ヶ月に1回の習慣も、月次の視野でスケジューリングしていくことです。まずは、重要な予定から入れていきましょう。

私は、週次スケジュールは紙でフォーマットをプリントして、マーカーをつけて毎週書いています。月次スケジュールはGoogleカレンダーで予定を入れ、週次で予定を立てるときは紙で書き、しっかりと優先順位を決めていきます。

ワークスタイル、ライフスタイルで異なるので、とにかく、自分に合ったスタイルを見つけるのが継続のコツです。

ここまでたくさんのワークや手順を書いてきましたが、あくまでたたき台です。何もないと修正やカスタマイズすらできないことになります。本書の内容をまずはやっていき、オリジナルな、自分に合ったやり方を見つけてください。

何より気づきと行動を続けていくことが一番の鍵だからです。

カレンダー

月	火	水	木	金	土	日
29	30	1	2 息子 バースデー	3	4	5 家族 ランニング
6	7	8 社外飲み会	9	10	11 家族旅行	12
13 祝日 家族旅行	14	15 友人飲み会	16	17	18	19
20	21	22 家族と ディナー	23	24	25 講座受講	26
27	28	29 社内飲み会	30	31	1	2

Goal-
Action-
Habit
著者の例

Goal

Goal

1. 習慣化を物語小説として書く
2. アメリカで習慣化セミナーを開催する
3. 改善力習慣の本を書く
4. **習慣化手帳をつくる**
5. 法人分野の習慣化事業部をつくる
6. 習慣行動変容の研究を深める
7. 家族と年間4回、2泊3日の旅行に行く
8. 娘と過ごす時間をしっかりつくる
9. チームメンバーとの絆・志を強固にする
10. 心身ともに最高の健康を手に入れる

Deep Driver MAP

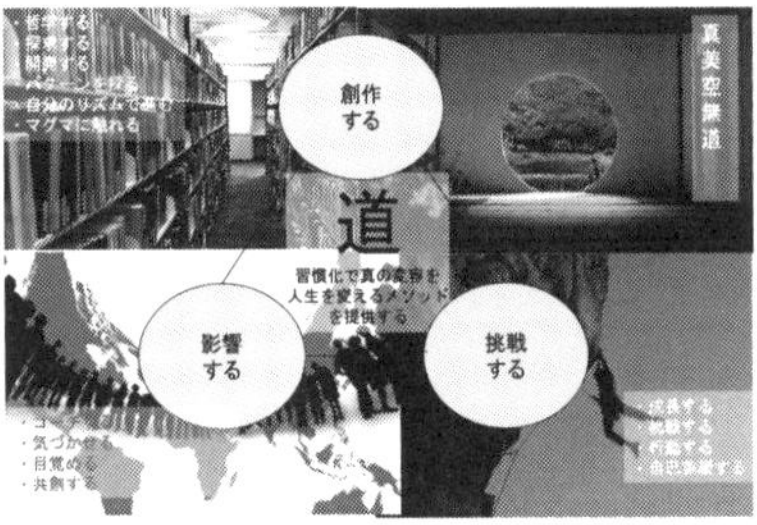

Action

Action

1. 大型書店の手帳コーナーに行ってみる
2. ほぼにち手帳、ジブン手帳を研究する
3. 海外の手帳を調べてみる
4. **習慣化チームとプロジェクトチームを発足する**
5. **3ヶ月後の完成までのプランを作成する**
6. 習慣化ユーザーに要望をヒアリングする
7. プロのデザイナーに依頼して完成させる
8. 手帳の専門家に話を聞く
9. 出版社に手帳企画を持ち込む
10. **週に1回チームで習慣化手帳会議をする**

Future MAP

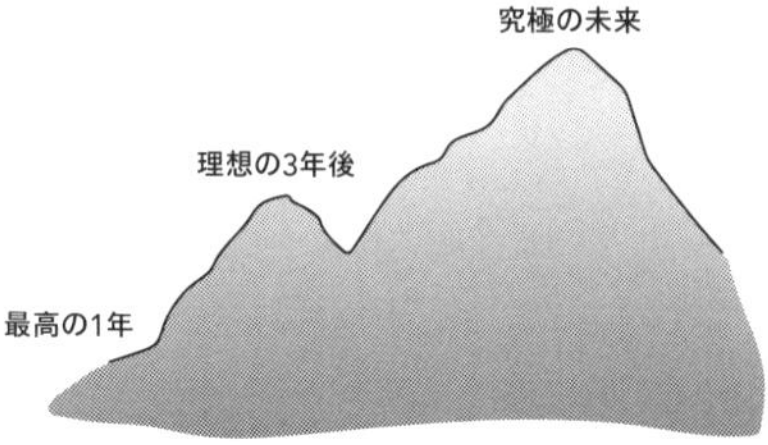

Habit

Habit

月次
プロのデザイナーと打ち合わせする
初月で見本、次月で校正、最終月でデザイン

週次
週に1回の習慣化手帳会議を決める

日次
手帳関連情報を1日15分調べる

Relation MAP

	実際充足度	充足	不足
第1の関係 自分	80%	・家でひとりで過ごす時間 ・創作タイムで至福の時間 ・時間がコントロールできる環境	・早起きした朝の静かな時間 ・散歩でひとり時間 ・ひとり旅時間
第2の関係 家庭	70%	・妻と話をする時間 ・息子と話をして関わる時間 ・家族旅行の数	・娘としっかり遊ぶ時間 ・子供達と一緒に寝る時間 ・妻とより深く話をする時間
第3の関係 職場	50%	・チームでの会議の時間 ・志を共有できている ・同じ目標に向かって適材適所	・部下と1on1で話す時間 ・チームでの飲み会 ・幹部メンバーとの対話
第4の関係 趣味 社外	60%	・大学院に通って人脈拡大 ・空手道場に通って武道仲間 ・パパ行事でのご近所関係	・同じ興味での深い対話 ・忙しいと上記を休みがち ・勉強練習不足で置いていかれる

村人Bから複業家へ転身

1　プロフィール

伊藤 良　習慣プロフェッショナルコーチ／早起きコンサルタント

１９７５年生まれ。日中は会社員をしながら「早起き」習慣化のためのセミナーを中心に複業家として活動。プロコーチとしてもコーチングを行う傍ら、ブログを４０００日以上、連続投稿中。結果、夢の商業出版を果たす。『何でも「続く人」と「続かない人」の習慣』（明日香出版社）

2　抱えていた問題

15年ほど前、会社の仕事は順調でした。ただ「もし会社がなくなったら、自分の能力だけで勝負するのは難しいな」と思っていたんです。その頃から本を読み始めて、セミナーにも参加するようになりました。そこで社外の優秀な人たちと交流するうちに、自分の実力不足を痛感したんです。「自分にも何かできないかな」と悶々とした日々を過ごしているときに、古川さんの早起きセミナーを受講して、とても感銘を受けて、習慣化の学校の門を叩きました。

3　メソッドの取り組み

ディープドライバーを探った結果、「自分を磨く」「成長する」「続ける」「サポートする」「貢献する」が見つかりました。カメのような努力を積み重ねて、自信をつけていく。これが自分の持ち味だと確信しました。そこから他者への支援をベースに習慣化コーチとしても活動を始めました。また、自分は独立するタイプではなく、会社員としての安定感も必要です。バランスをとりながら「自分を磨く努力を重ねる！」という方針が明確になりました。

4　その後の変化

日々の学びや気づきをブログに書き、４０００日以上継続しています。5年ほど継続した頃に、ブログを見た編集者の方から執筆の依頼が飛び込んできました。憧れの商業出版を果たし、今は会社員だけでなく複数の仕事を実践する「複業家」という理想的な働き方をしています。20年勤務している会社で営業の課長職をしながら、平日の夜や週末を活用して、早起きコーチングや習慣化コミュニティーでの支援を通して貢献を楽しんでおります。

また、副業解禁の流れもあり、複業家になるための支援を依頼されることも増えました。

複業をしていると「家族との時間は？」と思われがちですが、家族との時間を最も大切にしています。まさに理想のワークライフバランスが手に入っています。それもすべて習慣化の力だと思います。

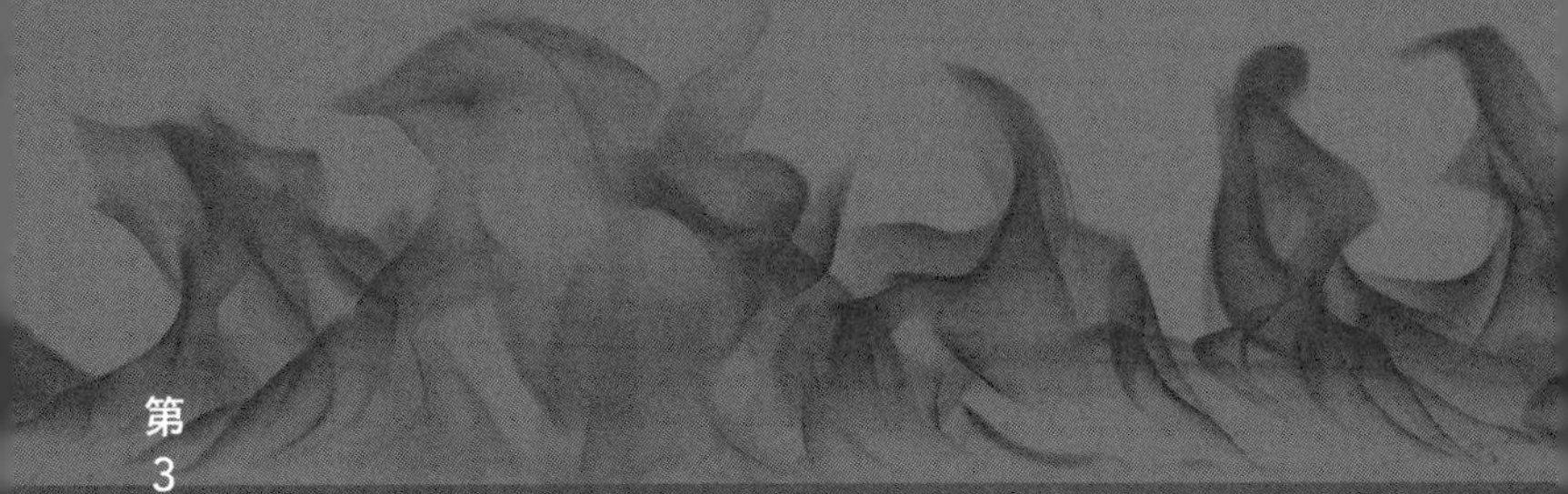

第3部

本当に変わるには？
人生が変わる習慣化

あなたの人生は「習慣の積み重ね」によって形づくられている

さて、本書の目的は、ディープドライバーからイキイキとした人生を生きることです。最終的には人生が変わっていくことの実現を応援したくて書いてきました。

本章では、**ディープドライバーメソッドを習慣化して、どうすれば変われるのか**、私のコーチング経験をもとに、本質的な観点を解説したいと思います。


人は、「わかった」「できた」「続いた」を経て、「変わった」に辿り着きます。その一番の要所が「習慣」です。

古今東西の偉人の名言もそれを物語っています。

□継続は力なり（住岡夜晃）
□人は習慣によってつくられる

優れた結果は、一時的な行動ではなく習慣から生まれる（アリストテレス）
□習慣は第二の天性である（キケロ）
□人生は習慣の織物である（アンリ・アミエル）
□人間は習慣の生き物である（ジョン・デューイ）

人が変わっていくには、習慣を変えていくこと。

15年間、習慣化コンサルタントとして、個人、法人を問わず5万人以上の人に関わってきている中で、この確信を強めるばかりです。

これから、習慣が自分と人生をつくっているメカニズムについて少々解説します。

今回は、習慣のぐるぐるモデルをベースに紹介します。

「人が物事を考え、決めて、行動選択をして、結果が出て、それにより自己評価をする」という流れを「習慣のぐるぐる強化ループモデル」として表現しています。

負のぐるぐる強化ループ

まず左の上の図をご覧ください。マイナスに思考すると、ネガティブな感情になり、行動ができません。そうなると、結果が出ません。さらに結果が出ないと、感情は下がり、ますます行動できなくなり、それがマイナス思考に拍車をかけます。何度もこの負の循環を繰り返すと、やがて学習性無力感とも言える「どうせ無理だ！」という根深い信念（ビリーフ）になっていきます。

正のぐるぐる強化ループ

次に左の下の図をご覧ください。プラスに思考できると、感情がポジティブになり、行動が積み上がると結果が出てくるようになります。よい結果が出ると、感情がさらにポジティブになり、行動が加速していきます。結果、さらにプラス思考になっていく。このプラスの循環を繰り返すとやがて「やればできる！」という力強い信念（ビリーフ）ができあがり、プラスの状態がより強化されていくのです。

負のぐるぐる強化ループ

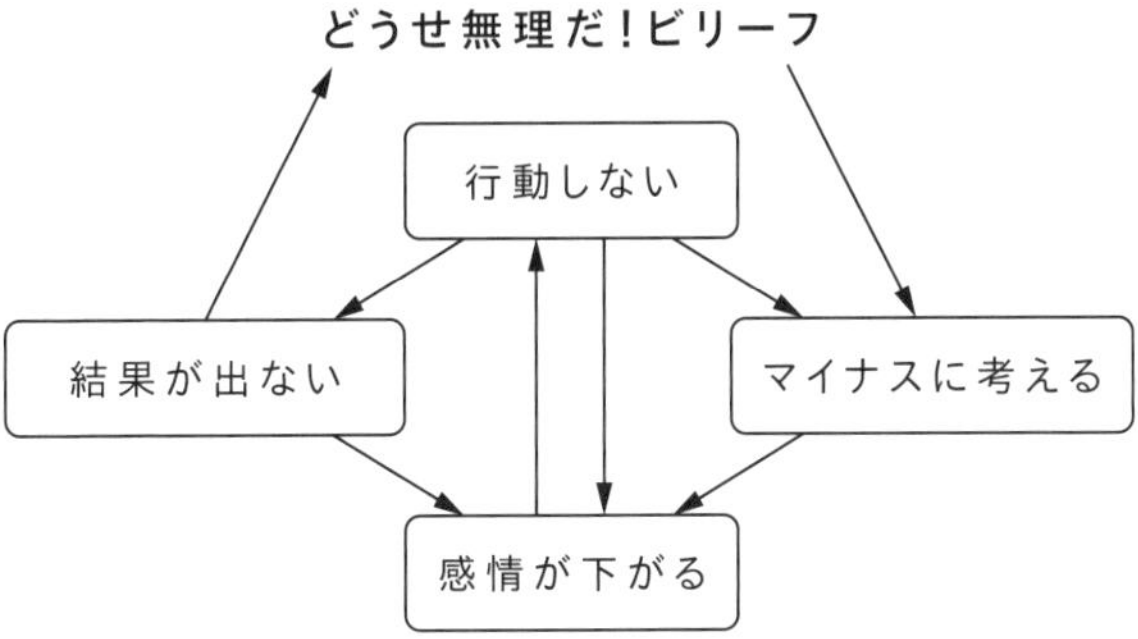

正のぐるぐる強化ループ

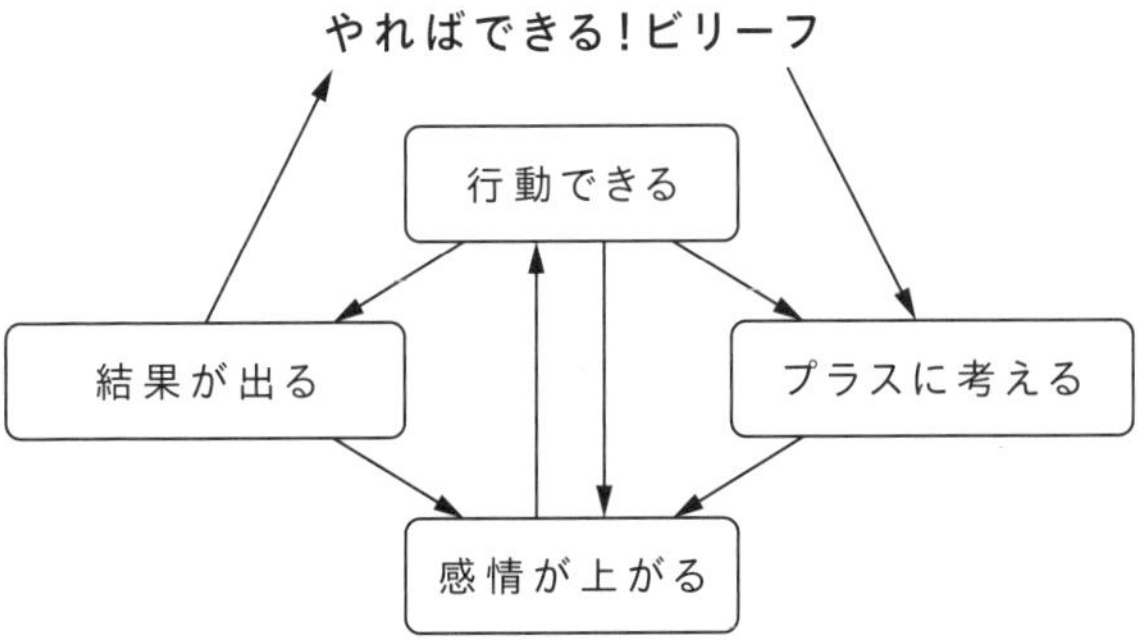

習慣化の氷山モデル

行動、思考、感情、ビリーフはすべて習慣です。そして、これらは相互連結して習慣メカニズムとして生命体のようにあなたを動かしています。

だからこそ、この全体システムをよい循環に変えていくことが自分と人生を変えていく大切な鍵になります。

今回は習慣化の専門書ではありませんので、氷山モデルを全体像として掲載しておきます（詳しくは拙著『理想の人生をつくる習慣化大全』（ディスカヴァー　2014）をご覧ください。行動、思考、感情、ビリーフ（信念）、本質、環境に対してどのようにアプローチすればいいかを書いています）。

さて、ここで焦点を当てたい点は、**ぐるぐる強化ループは、ディープドライバーが作用点となり、一気にサイクルを変えられる**、ということです。

私たちの本質に、ディープドライバーという動機があるわけですが、それが生み出す感情は、私たちを行動へと突き動かしてくれます。

そうなると、結果が出て、周りから認められ、さらに感情が上がり、再び行動へと突き動かされ、やがて、やればできる！　という信念に昇華していきます。

だからこそ、本書ではディープドライバーを扱いました。「はじめに」に書いた「好きこそものの上手なれ」もまさにこれを物語る言葉です。

ただし、ディープドライバーを見つけただけでは正のぐるぐるループは回りません。**行動してこそ変化が出てきます。**だからこそ、内省と行動の循環論をこれまでご紹介してきました。

では、本書の内容を活用して、習慣化で変わっていくためのガイドをしていきたいと思います。

一度やって終わりではなく習慣

先ほどのぐるぐる強化ループをよい方向に変えるには「感情」と「行動」が鍵になります。

ディープドライバーに基づく行動は、よいスパイラルをもたらします。

ただし、自らの人生を変える旅は、終わりのないものです。**あなたを突き動かす動機の源泉や未来の方向性、豊かな関係性は、一度で明確になるわけではなく、継続して探求し、言葉を磨くことで、進化していくものです。**

そして、**これらの進化レベルを発展させていくのが、習慣・継続です。**

一度ワークに取り組んで終わりではなく、習慣にしていくことが必要なのです。

習慣化の基本構造

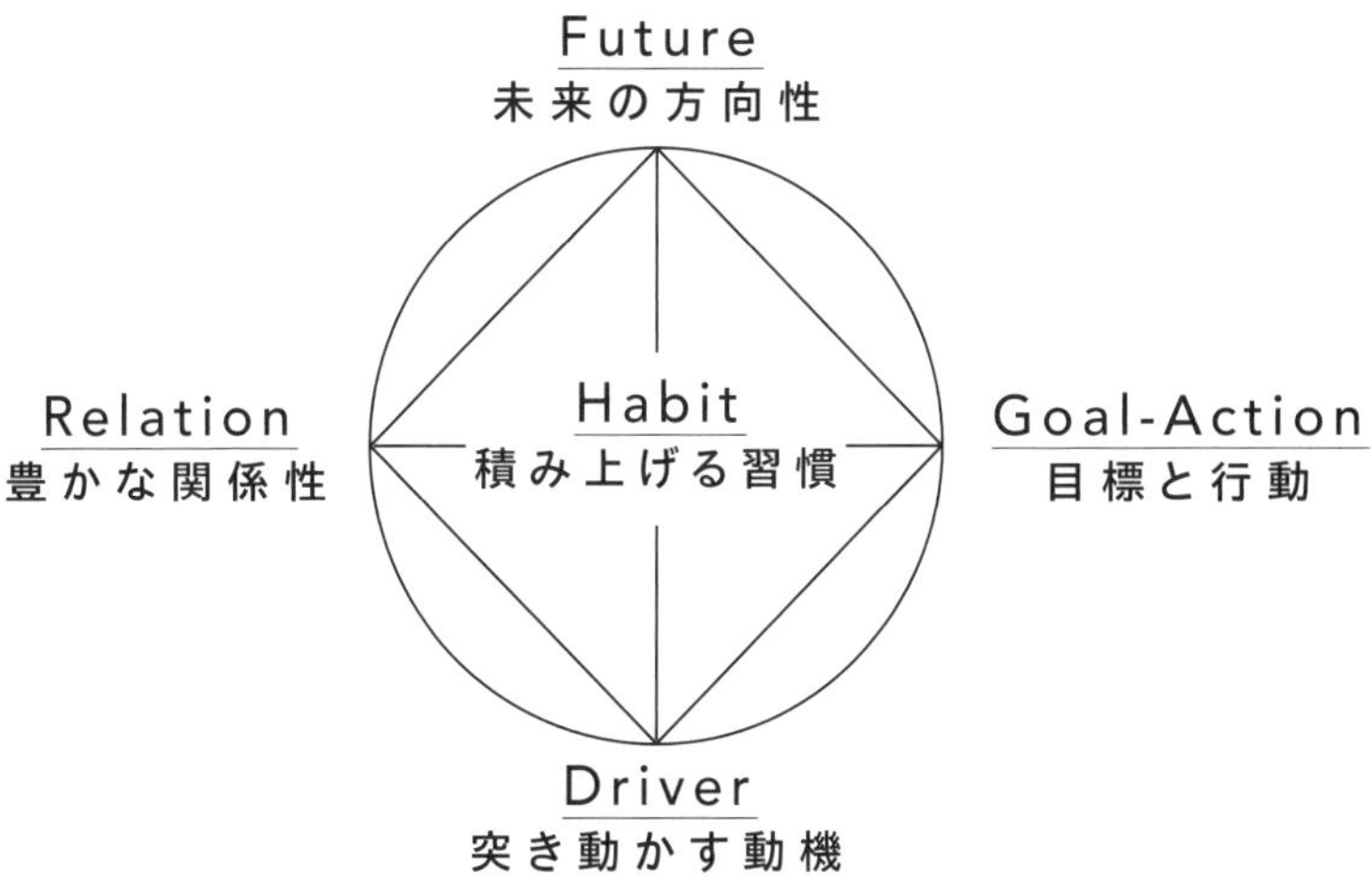
Future
未来の方向性
Relation
豊かな関係性
Habit
積み上げる習慣
Goal-Action
目標と行動
Driver
突き動かす動機

Driverからスタートして、Future-Relationを経て、Goal-Action-Habitへと順番を追って紹介してきました。これらは、直線的な図で紹介してきましたが、本来は、循環的な発想のもとにつくっております。前ページの図が、習慣化を中心とした円環モデルです。

メソッドの順番は、

D（Driver）→F（Future）→R（Relation）→G（Goal）→A（Action）→H（Habit）

でしたが、日々のジャーナリングを行っていくと、それぞれの要素が統合されていきます。その統合や進化を経ていくには、その円環モデルを継続してぐるぐる回していく大きな習慣が重要です。

再度繰り返しますが、**内省と行動が相互に影響しながら進化します。この進化が続く限り、私たちは本質とつながる真の人生を生きることができます。**

自分を突き動かすものを内側に確認して、未来ビジョンを更新して、目標、行動、習慣を加速していく習慣があればうまくいくイメージが持てるのではないでしょうか。

好きなこと、やりたいことで、成果を出してうまく生きている人は、無意識レベルにこの習慣を回しています。ただ、無意識レベルで回していくことができない人にとっては、「守・破・離」の精神で、まずはこのメソッドに則ってやってみてください。本書では、事例をたくさん紹介してきましたが、みなさん、このプロセスを経て、理想的な人生を手に入れています。

そして、自分なりの型が無意識レベルで習慣として回っていくようになれば、自分流にどんどんアレンジしていくことで、さらに続きやすくなります。

自分に問いかける質問を変えていく

人生の変化は、気づきから始まります。

「気づき、目覚めが生まれたとき、人は深いレベルから変わっていく！」

これは私がコーチングをして、人の変容を通じて深く経験することです。知識、スキルで変わるのは表面上の変化です。深層レベルの変化は意識やマインドが変わったときに生まれます。

この意識やマインドの変化に影響するのは、「真の気づき」「真の目覚め」です。「そうか！」と腹落ちしたとき、人は本当に変わっていくきっかけをつかむことができます。その結果、びっくりするぐらい行動、思考、感情、信念、関係性も変わっていきます。

では、どうすれば、その真の気づきを得られるのか？　そのための習慣は何か？　それが「自分への問いかけ」です。

脳は「質問に対して答えを探す」という性質を持っています。

要するに、**気づきは「結果」、問いかけが「原因」です。**


やりたいこと、自分のディープドライバーを見つけたい！　でも、なかなか見つからないというフラストレーションの段階もあるでしょう。

そんなときは、この言葉を思い出してください。

私たちの脳は、すぐに答えが出ないことは、脳の潜在意識を使って必死に答えを探しているということを！

表面意識ですぐに答えが出なくても、オープンマインドで、よい探求を続けていると、あるとき、アハ体験「そうだ！　これだ！」というひらめきが湧いてきます。

やりたいことを「見つけたい！」ではなく、やりたいことを「探す！」という能動的な行為が大切です。


「自分がどんな人間で、何をしたいのか？」を探求するには、よい質問を自分に投げかける習慣を持つことが必要です。それが、よい答えを見つける結果につながります。

人間は1日3万回の問いを自分に投げかけて答える習慣を持っているそうです。
日々の無意識的な質問習慣として、常に本書の内容、**「何がしたい」**、**「どうなりたい」**、**「どう動く」**のパートでやってきた質問を何度も投げかけてください。
そして、左の7つの問いかけを習慣にすると、自分の欲するところがわかります。

それって、「好きなこと？　やりたいこと？　気持ち乗る？　楽しい？　わくわくする？　自分に合ってる？　心から求めていること？」と投げかけて、素直に自分の内側の感情を受け取ってください。

私たちは結果を急ぐあまり、「正しい答え」を求めようとしますが、大切なことは、「正しい問い」を投げかける習慣を持つことです。

今後も、ディープドライバーを見つけ、理想的な未来を描き、豊かな人間関係とは何かを探求してください。
3つのマップを書き、何度も更新していく最大の意味は、この気づきと目覚めに到達することにあります。最初は、もやもやしていていいのです。健全なもやもやだけが気づきという直感を浮かび上がらせます。

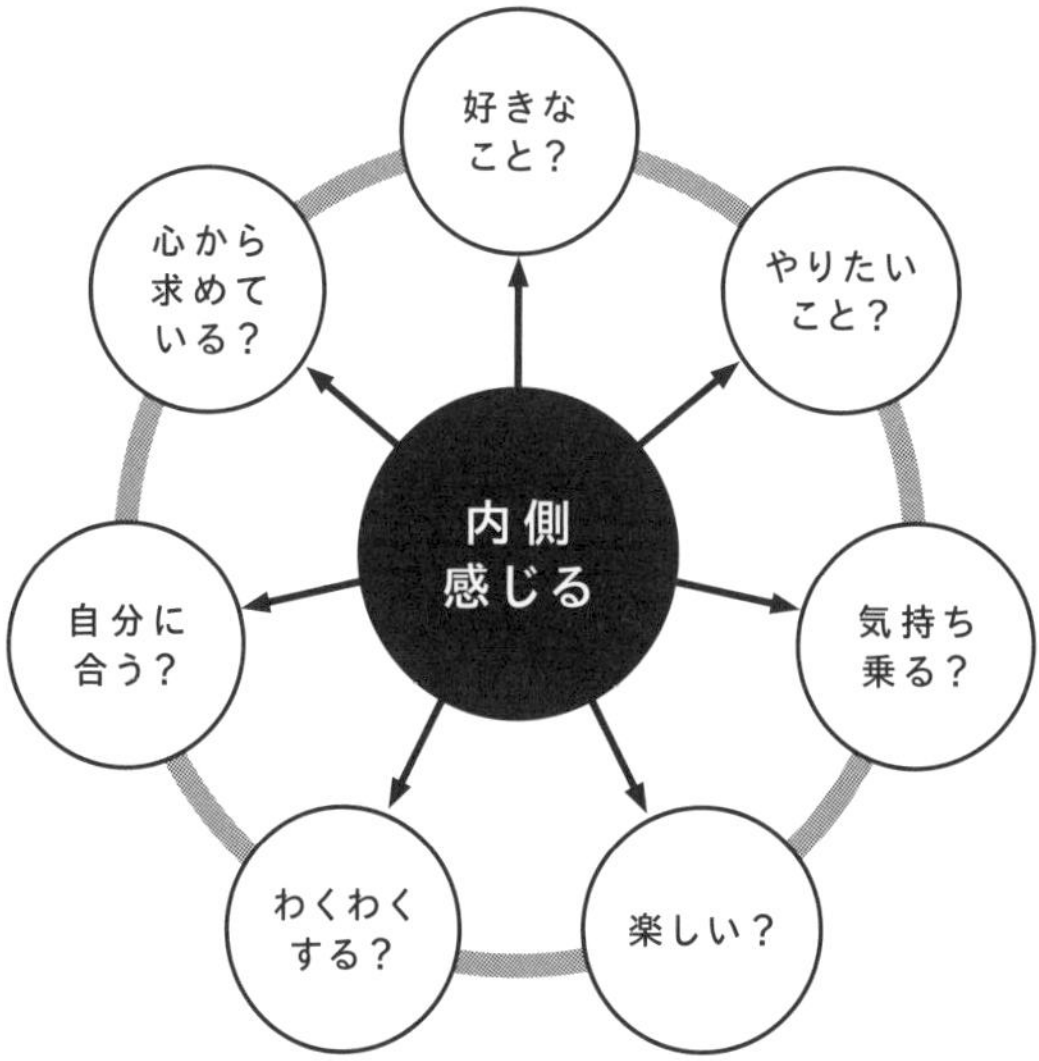
好きな
こと？
やりたい
こと？
気持ち
乗る？
楽しい？
わくわく
する？
自分に
合う？
心から
求めて
いる？
内側
感じる

自分を変える上で知っておきたい3つの心理学理論

さて、本書もいよいよ終盤にさしかかってきました。本書の目的は、ドライバーを見つけることそのものではなく、それによって、最終的に、よりよい人生と自分に変わっていくことです。ディープドライバーを見つけるというのは、そのために、現時点で私が見出している最良の手段なのです。

さらに、自分と人生が変わっていくためには、人間の心理の本質、脳の原理を押さえておくことが有効です。これから、3つの心理学理論をご紹介します。

人は、「変われない！」「行動できない！」と、自分を責めます。自己嫌悪になり、自己否定をします。こうなると先ほど紹介した「負のぐるぐる強化ループ」が回り始め、どうせ変われない！　という信念がつくられ、それが習慣になっていきます。

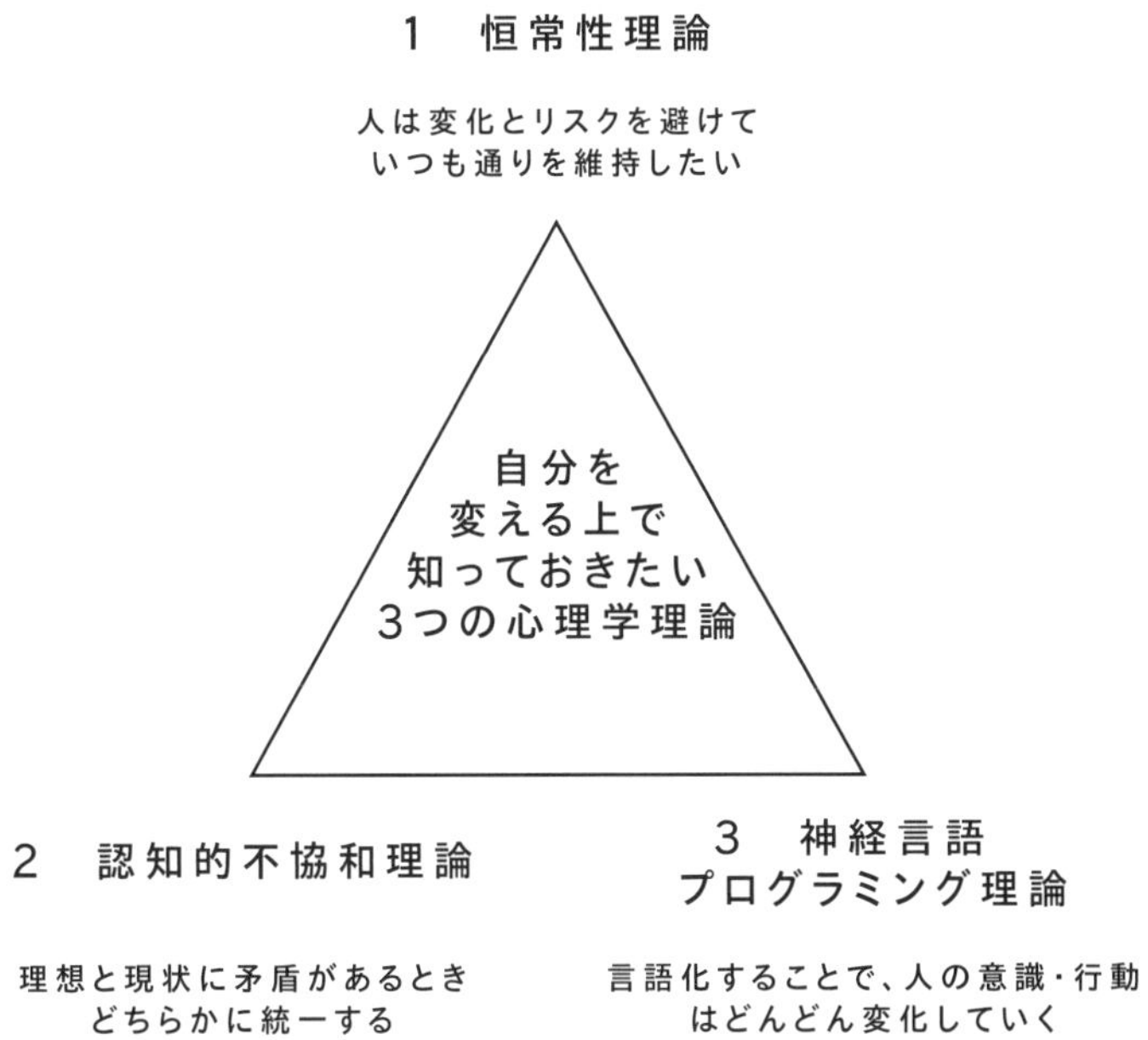
1　恒常性理論
人は変化とリスクを避けて
いつも通りを維持したい
自分を
変える上で
知っておきたい
3つの心理学理論
2　認知的不協和理論
理想と現状に矛盾があるとき
どちらかに統一する
3　神経言語
プログラミング理論
言語化することで、人の意識・行動
はどんどん変化していく

ところが、人間というのは、本来、変わりたくない生き物であり、現状維持を好むのです。理想をつくっても現状にリアリティがある限り、理想に向けた行動には挫折しやすいものなのです。頭で決意した意志は簡単に折れるものなのです。

だからこそ、自分の中の変わりたくない抵抗勢力が出てきたとき、その心理がわかっていると、自分を客観的にとらえられます。対処策がわかっていると、自分の行動を変化させ、無駄な自己嫌悪や自己否定を避けることができます。

そのためにも、3つの心理理論を知っておくとよいのです。

今回紹介したい理論は次の3つです。

1　人は変化を避けていつも通りを維持したい（恒常性理論）
2　理想と現状に矛盾があるときどちらかに統一する（認知的不協和理論）
3　言語化することで、人の意識・行動は変化していく（神経言語プログラミング理論）

多少理屈っぽい話になりますが、基本的な結論はシンプルです。あなたもこれまでの人生でうまくいったこと、うまくいかなかった経験からすでに実感されていることばかりです。

1　変化を避けていつも通りを維持したい（恒常性理論）

まず、私たちの脳には、「現状維持メカニズム」という力が働いているのを知ることが大切です。脳には、日常、いつも通りを繰り返すメカニズムがあります。

一定パターンで繰り返したことは、脳の大脳基底核という部分に、「習性」として記憶されると言われています。これは人間だけではなく、哺乳類から爬虫類までが持っている、言わば「習慣脳」です。

生き物が環境変化などに対して、生理状態を一定にコントロールしようとする働きを恒常性（ホメオスタシス）と言います。私たちは変化から身を守ることで生存しているのです。

わかりやすいのが、体温です。私の平熱は36・5度です。真夏ならば、汗を出すことで体温を下げ、真冬であれば本能的に寒さを避けるよう防寒をしたりして、平熱を維持します。これは、環境変化に流されず、生存を守る身体機能です。

同様のことが心の世界においても見られます。

たとえば、朝とても社交的な人と会えば、その影響で社交的な性格になり、次に会った人が心配性なら、その悩みを聞いている自分も心配性になり、あるときは、強気な人と交渉しているうちに、自分も攻撃的な性格に変化してしまうとしたらどうでしょう。

人は人から影響を受けますが、思考や性格も「いつも通り」の規定値があり、それをデフォルト設定に戻そうと働くからこそ、心理的に安定していられます。


身体であれ、心であれ、脳がいつも通りを維持するよう働いてくれているからこそ、私たちは変化の波に振り回されないでいられます。これが、恒常性（ホメオスタシス）です。身体と心にも変化を避けていつも通りを維持し、危険を回避するメカニズムです。

逆に言うと、だからこそ、私たちは、いつも通りの食生活や生活リズム、ものの考え方、時間の使い方をなかなか変えることができません。これは人間の身体、脳の原理なのでしたがうしかありません。

ただし、私たち人間には、この「習慣脳」に振り回されるのか、習慣脳をうまく使って、自分にとって望ましい未来に変えていくのかを選択する自由があります。変えるためには、恒常性のメカニズムを超えて行く必要があります。では、どうすればいいのでしょうか？

意識と無意識

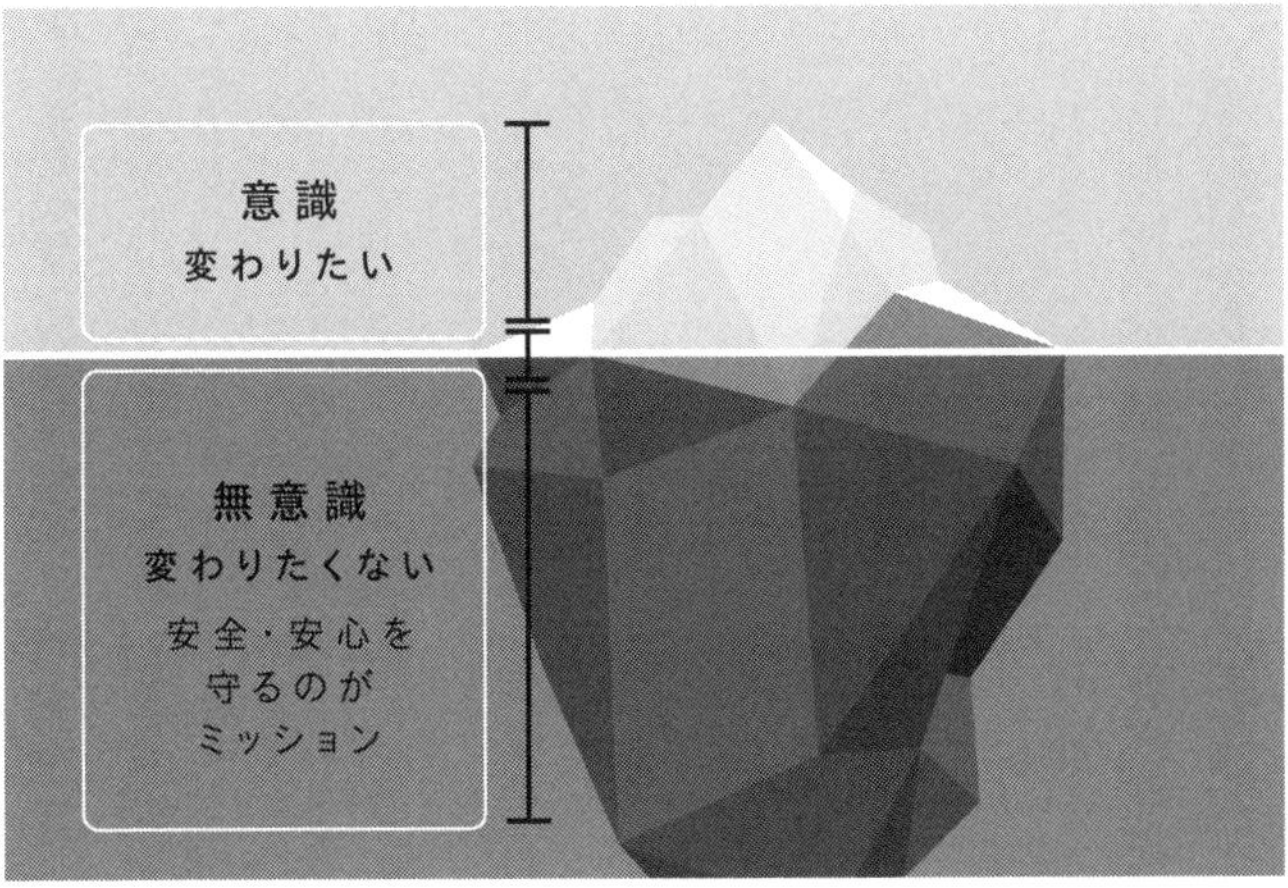

2 理想と現状に矛盾があるとき、どちらかに統一する（認知的不協和理論）

「変わりたい」「でも変われない」、現状維持メカニズムに支配されていくと、「変われない」が優勢になります。これが先ほど述べた恒常性の理論です。一方で、人は「変わりたい」「変われない」という心理のせめぎ合いの末、「変わる！」という選択をすることもできます。このときに活用したい心理メカニズムが**「認知的不協和」**。アメリカの心理学者レオン・フェスティンガーが提唱した理論で、次のようなものです。

「人は、自身の認知とは別の矛盾する認知を抱えたとき不快感を覚える。これを解消するために、自身の態度や行動を変更する」

私たちの中には相反する考えが存在するのが普通です。「痩せたい！　でも食べたい！」「早く起きたい！　でも寝たい！」「挑戦したい！　でも安全でいたい！」「変わりたい！　でも変わりたくない！」という矛盾する考えです。

人はなぜ変われないのか？

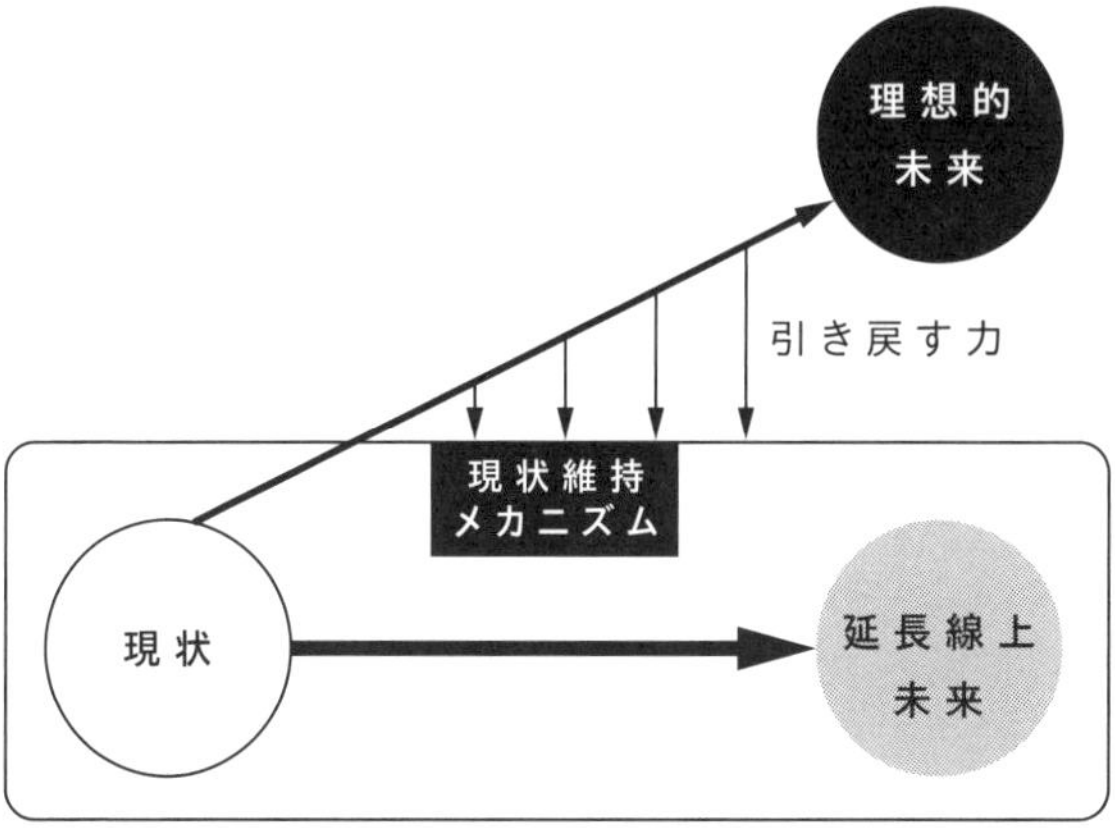

いずれも最終的には共存できないため、私たちはどちらかを選択します。「食べる、二度寝する、安全をとり行動しない、変わらない」も選べますし、「食べない、早起きする、挑戦する、変わる！」を選択することもできます。

大切なことは、現状維持メカニズムの法則に身を任せると前者の選択をするため、後者を選択するには、それを選択できる法則を知っておく必要があるということです。それが認知的不協和理論です。

結論から言えば、**「理想と現実に矛盾を生じさせ、理想に向かうことで解消しようとするメカニズムを使う」**ということです。

これを人生に当てはめてみましょう。

私がコーチングするとき、相反する自分の心理を「51：49」のバランスで見るようにしています。相手が、変わりたい、でも変わりたくないという不協和が同時にあるとき、「変わりたくない」と「変わりたい」のどちらが優勢かを見ていきます。

表面上、変わりたいと言っても、深層では「変わりたくない」が51以上に傾いているときは、人は本気になれず、行動できません。口では変わりたいと言っても、深層心理、感情は変わりたくないので、変わらない選択をしてしまうのです。ボクシングで言えば、変わらないほうにクリンチしてしまうのです。


私が講座を主催している「習慣化の学校」に来られていたSさんは、「自分はダメだ」というビリーフを持ち続けて、仕事でもプライベートでもマイナス思考に悩んでいました。

ところが、まずは、行動習慣を変える取り組みで、ジョギングが続くようなりました。すると、走れるようになった自分は、他にも何かできるのではないかと徐々にプラスに考えられるようになり、最終的に、営業職に転職し、成果が上がり、周りからの評価も高まり、自分への自信を高めていきました。そして、愛し愛される生活も手に入れたいと婚活して、なんと、1年以内に結婚していきました。

もちろん、プロセスや、そこでの心理的葛藤を省いて説明しているので、できすぎた話に聞こえるかもしれませんが、実話です。人が変わっていくときは、このようによい循環が回っていくのです。

「自分はこんなものじゃない！」と可能性を自分で感じられるようになったとき、そして自分の最高の未来、豊かな人間関係のビジョンを描いて本当にわくわくしたとき、人は変われます。

小さな「変わった！　体験」をすると、もっとできるかも、と思えるようになります。これが弾み車になって変われるパターンが回っていきます。

そのとき、心理のバランスが、「変われる　変われない」の間を揺れ動き、やがて「変われる」に傾いていくのです。

行動からバランスが変わっていくサイクル以外にも、快感と苦痛の配線を変えることで、感情そのものを直接変えることもできます。現実への苦痛を想像し、理想への快感を強化することで、心のバランスを変えることができます。

そのときにお勧めするのは、**「フューチャーペーシング・ワーク」**です。「習慣化の学校」でメインファシリテイターを務める島名祐紀さんが開発したもので、ざっくり言うと、

「なりたい未来」「なりたくない未来」を想像し、それぞれを未来に向けて雪だるま式に膨らませていくことで、感情バランスを変えていくのです。

左の表をご覧ください。表の左側に変わらない未来、右側に変わっていく未来を想像していきます。

今なんとなく放置しているキャリアの不安、健康問題、夫婦関係の問題、業界や職場環境の問題が、1年、3年、5年、10年と放置されていくなかで、雪だるま式に膨らんでいくとしたら？　負のスパイラルが回っていくとしたら？　と想像するのです。私たちは「今のままの現実が嫌だ！」と感じたとき、「今すぐ変わろう！」とスイッチが入るのです。

表をよく見てください。現在は同じ、定年を控えた50歳でも、小さな選択と行動を変える度に、結果が少しずつ変わり、10に行く頃には全く違う未来になっています。

こうして、49：51と「変われない」が優位だった感情のバランスが、51：49と、「変わりたい」が優勢になったとき、私たちは本気になり、行動できるようになっていきます。

あなたも書いてみてください。左側に今を続けた未来。右側に小さく変わっていく未来を。最初に現在の2つの選択を書き、まずは左側に悲惨な未来を想像して書きます。次に最高の未来の想像に移ります。大げさに書くぐらいで丁度いいでしょう。感情のシーソーゲームを変えていくのによいワークです。

未来と痛みと快感を想像する
フューチャーペーシング

もし、今のままを続けたら 10年後どうなるか？？	
10	人生生きていても 張り合いがない
9	家にも会社にも 居場所がなくなる
8	自己肯定感が下がり、 自分に価値がないと思う
7	この先のお金や生きがいを どうしたら持てるのか悩む
6	家でも暗く、冴えないから、 子供も就職相談してこない
5	毎日、会社に行くのが憂鬱
4	やりがいを失い、周りからも 終わった人と思われる
3	頑張って残っても 昇進の見込みなし、閉塞感
2	リストラ対象になるかも しれない
1	人員削減のため、 リストラが行われる
現在	50歳、このままの今の職場で 定年まで残る

もしも、挑戦を始めたら 10年後どうなるか？？	
10	人生、希望と挑戦と成長を 感じて張り合いがある
9	家にも仕事仲間との関係でも たくさんの居場所がある
8	自己肯定感が上がり、 自分にしかできない 価値貢献がある
7	この先お金の心配はあるが、 自分次第だと コントロール感がある
6	家でも明るく、笑顔が多い。 子供が就職相談をしてくる
5	仕事とプライベートの境目が なくなり、ライフワークへ
4	苦難は多いが、やりがい、 スリルを感じている
3	起業仲間で夢のある未来を 語る会話が中心になる
2	社外の人とたくさん交流する ことでもっと挑戦したくなる
1	分からないことだらけだから、 学ぶことも多い
現在	副業から会社を立ち上げ、 チャレンジする

3 言語化することで、人の意識・行動はどんどん変化していく（神経言語プログラミング理論）

現状維持メカニズムを脱して、認知的不協和を活かして、理想に向かっていきたい感情を駆り立てていくことで、私たちは新しい人生と自分を選択することができます。

最後に、私たちが行動や習慣を変えていくための有効な方法としておすすめするのが、書くことです。

書くことで、行動、思考、感情が変わっていき、やがて習慣が変わっていきます。

これは、**ＮＬＰ（神経言語プログラミング）**という心理学メソッドとして確立されている方法です。**人間の脳は言語と五感イメージで動かされる**というのがこの理論の考え方です。

詳細はＮＬＰの専門書に譲りますが、**言語で認識はつくられ、認識は言語で変えることができる**ということです。

今、「言語化」が書店でもブームになっており、私も『書く瞑想』という本を書いていますが、行動や習慣を変容するには、現状を知り、気づき、新しい出口を見つけることが大切です。そのためには客観視していくこと、「主観」から脱却することが必要です。現状の生活や行動を変えられないのは、「主観、人生の主人公」になっているからなのです。

そして、「客観、第三者的目線」で見るためには、言語化が有用なのです。

言語化すると、客観、俯瞰ができ、第三者の目線で眺めることができます。書いたことは、脳に明確に優先順位高く設定され、結果的に行動に結びつきます。

本書では、**行動ジャーナリングで、Goal-Action-Habit** を紹介しました（188ページ参照）。書く行為は、単に頭で想像するより、脳に強いインパクトを与えるため、人の意識と行動を変化させ得るのです。具体的に変わっていくために、書くこと、行動すること、そして内省することを継続していきましょう。

人が本当に変わっていくために知っておくべき、3つの心理学理論を紹介しました。

挫折しそうなときは、この3つの理論を思い出してみてください。人間は性善説でも性悪説でもなく、**性弱説で考えておく**と自分を受け入れられます。

持ち味を活かすという生き方

最近、強みを探そう、才能を見つけよう、個性を大切にしよう、好きを仕事にしようというメッセージをたくさん見ます。意味には同意するものの、一方で、何かしっくりこない違和感を覚えます。最大の理由は、その言葉と相反する言葉の連想にあります。

「強み」という言葉は「弱み」を連想させます。

現実社会の中で、「強み」だけに特化して生きるなんてことができるのか？　という反論、疑念が湧いてこないでしょうか？　強みだけで仕事の成果が出れば世話がない、強みじゃない算数は捨てるという勉強の仕方をしていたら子供の教育は成り立たない、という反論も湧いてくるでしょう。

また、「強み」は、「人との比較優位」を連想させます。誰と比べるかで強みと言えるかどうか、判断が難しいものです。

一方、「才能」という言葉は「ある、なし論」にハマりやすいものです。才能と言うとモーツァルトや大谷翔平、藤井聡太のような特殊能力を思い浮かべがちです。少なくとも自分には才能なんてない、という否定論が出てきやすい言葉です。

「個性」を大切にしようという言葉も、「集団、社会との協調、調和」と対立するように聞こえ、身勝手な印象を持たれがちです。社会、会社は、人と人とが協調してできあがっています。ある種、みんなが個性という名のわがままを言い始めると会社はどうなるのか？　という懸念を抱く人もいるでしょう。

さらには、「好き」を仕事にしよう！　という言葉は、「楽なことに逃げる、苦手なこと、忍耐を避ける」という連想をさせることがあります。人の成長を見るとき、苦手なことをやって幅が広がる、忍耐がなければ人は成長しないという真実もあり、これを否定するような印象を持つ人もいるでしょう。

では、「強み」、「才能」、「個性」、「好き」でだめなら、どんな言葉がいいのでしょうか？

私は、**「持ち味を活かす」**という言葉を提唱したいと思います。

経営の神様、松下幸之助さんは、「尊い本分、頭のいい人は頭で、力のある人は力で、腕のいい人は腕で、優しい人は優しさで、そして学者は学問で、商人は商売で……どんな人にでも、探し出して来れば、その人だけに与えられている尊い天分というものがある。その天分で世の中にサービスをすればいいのである」と言いました。

それぞれの本分を活かして生きていくことで、最終的には自分らしく、そして周りにもいい影響を与えられる、そういう生き方こそ最強の生き方ではないでしょうか。

では、その本分とは何でしょうか？　それは、「その人物が持つ独特の趣や味わい」です。

自分の持ち味と言われれば、気遣いが持ち味、行動力が持ち味、論理的思考が持ち味、計画性が持ち味、短納期で仕上げるのが持ち味、正確にやるのが持ち味、縁の下の力持ちをやるのが持ち味、周りを笑顔にするのが持ち味、調和、協調性が持ち味等々、いろいろ出てくるのではないでしょうか？

野菜にたとえるとわかりやすいかもしれません。

キャベツ、大根、にんじん、ごぼう、レタス、インゲン、ナス、トマト、じゃがいも、きゅうり、かぼちゃ、玉ねぎ、ニンニク、とうがらし、ほうれん草、里芋、さつまいも、ニラ、ピーマン、ミョウガ、とうもろこし、ネギ……。

それぞれに差があるわけでもなく、それぞれに持ち味があり、どういう料理でどういう役割をするかでうまく活かされます。これは、私たちの仕事も同じです。

松下幸之助さんの言葉のように、「どんな人にでも、探し出してくれれば、その人だけに与えられている尊い本分というものがある。その本分で、世の中にサービスをすればいいのである」と思えれば、持ち味を活かして組織や社会で生きていけばいいとなれば、自分の資質や特性を否定するのではなく、そこから始めていくことができます。

強み、好き、才能、個性という言葉で違和感がある人でも、自分の「持ち味」を活かそうという言葉なら受け入れられるのではないでしょうか。

自分が好きで人の役に立てる最高の「はまる場所」

著名な経営コンサルタントでベストセラー作家の小宮一慶さんは、「人には必ずピタリと「はまる場所」がある。得意で、好きで、人の役に立てる場所なら、必ずはまる。仕事が楽しくなる」と言います。

世の中が求めていること、周りが求めていること、会社が求めていること、上司が求めていること、お客様が求めていることを無視しては何も活動は成り立ちません。

本当の充実感は、最終的には、自分が行う活動から、「他人に喜ばれ、感謝されたり、感動されたりすること」で生まれるものです。

「自分が情熱を感じることであり人から求められる役割でもあること」を果たせるという「はまる場所」を見つけることが最終的に大切なことです。

まさに、はまる場所を見つけたとき、それが天職になり、最高の居場所になります。

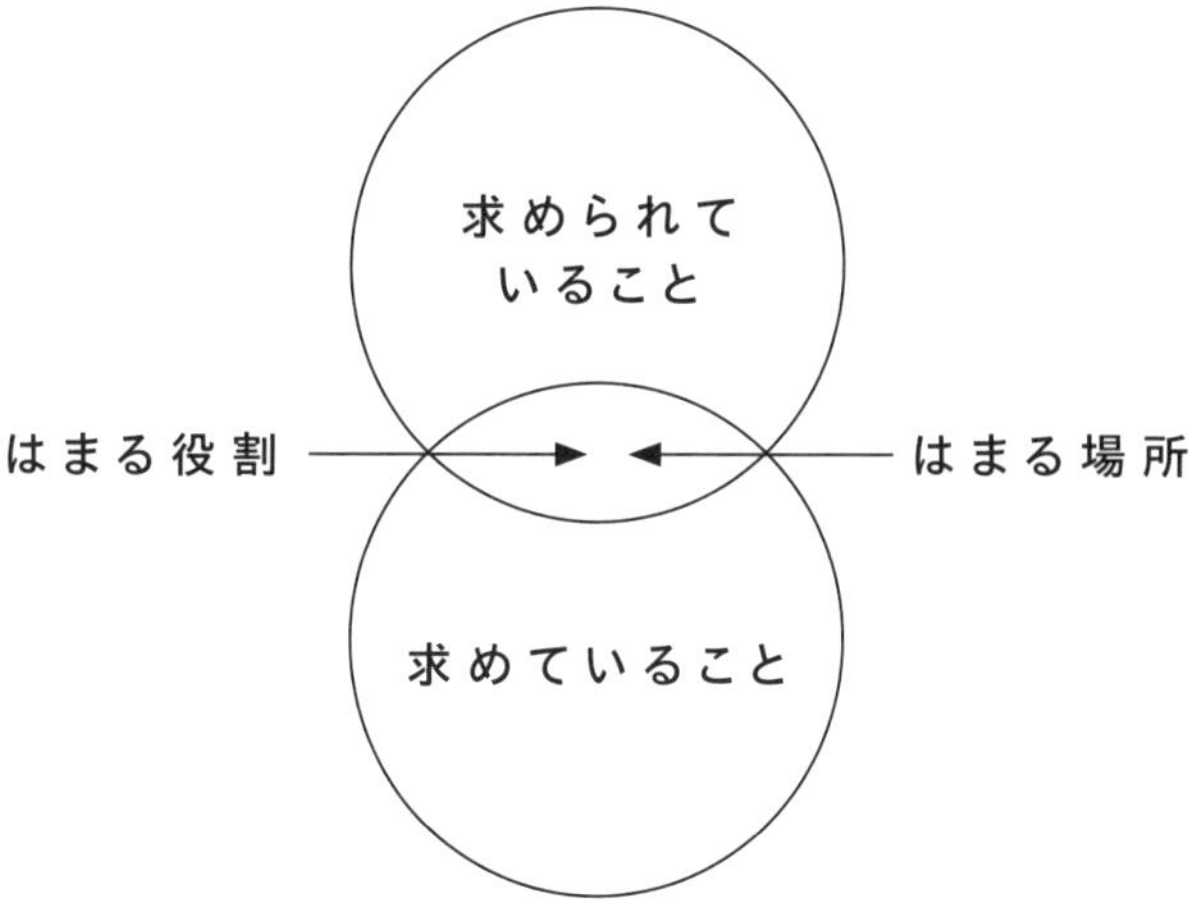

ここでポイントとなるのは、**内側で求めていること、外から求められていることの交差点を探ることです。**どちらのアプローチでも最終的に統合すればいいのです。

会社で、家庭で、自分のコミュニティで、人生で豊かに生きるためには、「はまる場所、はまる役割」を見つけていくことです。

自分の中のディープドライバーに生きると言っても、私たちは同時に、必ず社会の中に生きています。会社や団体への貢献、他者への貢献がなければ仕事になりません。

その間に、必ず誰しも「はまる場所」があります。

誰にでも、あなたが求められて、果たすべき使命があると言うと大袈裟に聞こえるかもしれませんが、私はまさにこれを信じています。

私は、夢を見つければみんな人生がよくなると思ってコーチを始めました。しかし、夢、ドリームを見つけようというメッセージでは誰にも届きませんでした。人生を変えるための習慣化コンサルタントという立ち位置にしてはじめて、世の中に発信できるようになりました。これは、周りからのフィードバック、発信しても全然届かないという苦痛、挫折感、そして多くのヒントから生まれたのです。はまる役割、はまる場所を見つけたときの居心地のよさ、存在価値の肯定感はすごいものがあります。

あなたの存在意義や使命は自分が深く求めていることと周りから求められることを両方含むものです。最終的にこのはまる役割や場所を見つけられるところまで歩めた人は、より人生に「重心」を持って生きることができます。

ただし、これは最終地点です。まずは、求めていること、あなたのディープドライバーを見つけていくことから始めましょう。

最終的に、それに基づく活動から、共鳴、共振が起きて、求められて……その中から、偶然も相まって、はまる場所、役割が見つかっていくのです。

おわりに

最後までお読みいただき、ありがとうございました。

本書では、「ディープドライバー（あなたを突き動かす動機の源泉）」を主題に、メソッドを紹介してきました。やりたいことを見つけるのではなく、やる気の源泉を見つける、そのことの重要性をお話ししてきました。

超一流の人は、誰もがやりたいこと、好きなことをやろうと語りますが、少なくとも私がとらえたところで言うと、自分を突き動かす動機の源泉、つまりディープドライバーで動けることを、好きなこと、やりたいことと言っているのだと解釈しました。

だからこそ、「好きなこと、やりたいこと」という言葉から始めるのではなく、あなたを突き動かす動機の源泉を見つけていくことが第一に重要だと思い、本書を書きました。

私からは、**「本当に大切なことを中心に生きよう」**、という言葉で締めたいと思います。

私たちにとって一番重要なことは、自分が大切にしたいことを中心にして生きていくこと。緊急なことや瑣末なこと、他者から言われることに縛られて、自分が生きたい人生を犠牲にすることは避けて、限られた人生、どのように生きたいかを自らに問い、そして、本当に生きたい人生、時間を最優先してとっていくこと、これがまさに習慣化の本質だと私は考えています。

本書のメソッドはステップが多いので、ワークに1つずつ取り組んでください。実践と、繰り返し行う習慣のサポートツールに、無料読者特典として、30日サポートメールを用意しました。

また、本書のワークシートや質問集も印刷できるようにしています。詳しくは、下記QRコードか、https://syuukanka.com/にアクセスなさってください。

最後に、本書の執筆にあたって多くの方にご支援いただきました。事例に協力いただいた、佐竹さん、伊藤さん、三宅さん、みきさん、内山さん、祥子さん、さちこさん、なつさん、こうさんのおかげで、素敵な事例が掲載できました。また、習慣化の学校の皆様には、内容やタイトルについてもたくさんのご意見をいただきました。習慣化チームの島名祐紀さん、北村めぐみさん、佐々木秀和さんには構想段階から本気で支援をしていただきました。ありがとうございます。

そして、最後に、本書は本当に難産でした。執筆過程で迷うこと、ブレることも多々ありました。その都度、編集者の千場弓子社長からは、本当に書きたいことを書く！　それが届くのだという熱い叱咤激励をいただき、本書は完成に至りました。

1年半にわたる執筆を粘り強く支援いただいたこと、ここに感謝申し上げます。

それでは、巻末のメソッド図を頼りに、内省と行動を続けて、皆様がディープドライバーに気づき、目覚め、情熱の中でイキイキ生きる現実が手に入りますように。

そして、どこかで、なんらかの形でお会いできる日があれば、あなたに起きた変化を聞かせてください。

それこそ、私の最高の書くことへのディープドライバーになりますので（笑）。

2024年10月

習慣化コンサルタント　古川武士

付録①

自分が見つかる名言集

▼
最も深い願望があなたである。願望が存在すれば、意思が生まれる。意思が存在すれば、決意が生まれる、決意が存在すれば、行動が生まれる。そしてその行動が、あなたの運命を決定する。「ウパニシャッド」

▼
自分にはこれしかない、そう叫んでほとばしり出てきたものではないなら、やめておけ。己の心、知性、唇、腹を突き破って出てきたものでないなら、やめておけ。

チャールズ・ブコウスキー

▼
わたしは天才ではない。ただ人より長くひとつのことと付き合ってきただけだ。
アインシュタイン

▼
人生の意味は、自分の才能を見つけることである。人生の目的は、それを解き放つことである。パブロ・ピカソ

▼
悟りとは自分の花を咲かせることだ。どんな小さい花でもいい、誰のものでもない独自の花を咲かせることだ。坂村真民

▼
そうさ　僕らも世界に一つだけの花　一人一人違う種を持つ　その花を　咲かせることだけに一生懸命になればいい　小さい花や大きな花　一つとして同じものはないから　NO.1にならなくてもいい　もともと特別な Only one　「世界に一つだけの花」槇原敬之

▼
幸せの青い鳥は、遠くを探すよりも、自分の中で育てたほうがいい。幸せに暮らす習慣こそ、一番の青い鳥だと思う。本多時生

▼
どんぐり理論では、一人一人の人間は生きることを要請されている。個性（ユニークネス）、または人生の中で実現される前からすでに存在している個性を持っているのだと説く。運命の声が書き込まれた、一粒のどんぐりが人にはあるのだと想像してみよう。ジェームス・ヒルマン

▼
すべては好き嫌いから始まる！　企業の戦略ストーリーの想像は、経営者の直観やセンスに大きく依存している。その根底にはその人を内部から突き動かす「好き嫌い」がある。楠木建

▼

自分の情熱や才能、人生のミッションがどこにあるかを見つけるのは必ずしも簡単なことではなく、得意なことややりたいことに気づくまでには相当な時間と労力がかかる場合もあることを知ってほしい。スティーブン・コヴィー

▼

我々は、自分の本質に無知である限り、囚人の生活をしているのです。我々はいつも自分では制御し得ない力に支配されています。自分自身が主人公になるには、自分が誰であるかを知らねばなりません。自分の本質探求には時間がかかる。

アニル・ヴィディヤランカール

▼

与え与えられるのが、この世の理法である。頭のいい人は頭で、力のある人は力で、腕のいい人は腕で、優しい人は優しさで、そして学者は学問で、商人は商売で・・・どんな人にでも、探し出して来れば、その人だけに与えられている尊い天分というものがある。その天分で世の中にサービスをすればいいのである。松下幸之助

▼

磁石は鉄を引きつける。知識も才能も大事だが、熱意があれば、そこから必ず良い仕

事が生まれてくる。その人の手によって直接できなくても、熱意が目に見えない力となって、自然に周囲の人を引きつける。思わぬ加勢を引き寄せる。そこから仕事ができてくる。人の助けでできてくる。　松下幸之助

人間の、また人性の正しい姿とは何ぞや。欲するところを素直に欲し、嫌なものを嫌だという。要はそれだけのことだ。好きなものを好きだという、好きな女を好きだという、大義名分だの、不義は御法度だと、義理人情というエセの着物を脱ぎ去り、赤裸々な心になろう、この赤裸々な姿を突き止め見つめることがまず人間の復活の第一条件だ。そこから自分と、そして人性の、真実の誕生と、その発足が始められる。

坂口安吾

人生で大きな決断をするためには、「意識のより深い領域」に達する必要があります。すると、決断をすることは、「決める」というよりむしろ、「内なる英知」を現れさせるものになります。　ブライアン・アーサー

小説を書くという行為そのものが好きです。僕の中に多少の才能があっても、油田や

▼

金鉱のように、地中深くに眠りっぱなしになっていたはず。才能が地中から浅いところに埋まっているなら浮かび上がるが、深いならば、そう簡単に見つけられない。よし、ここを掘ろうとしなければ見つかりません。時間をかけてゆっくり磨いていくならば、僕の方法はいい。村上春樹

君が人生で何かをしでかす人間になりたいと思うなら、まずは自分の熱源に気づくことだ。君に、熱はあるか？　もし、何かが心の奥底に、静かに眠っていたりするのだったら、なんでもいい。それを全肯定して、まずは思いっきりぶつけよう。僕は君の熱に投資しょう。左俣アンリ

付録②

ディープドライバーメソッド・ワークシート一覧

Deep Driver 全メソッド図

フェーズ1

何がしたい？ Deep Driver

1 抽出

①「熱中体験」から探る

②「好き」から探る

③「嫌い」から探る

④「リスト」から探る

⑤「問い」から探る

2 言語化

①キーワードを
マッピングする

②名詞を動詞に変えてみる

③自分の主題、名詞を出す

④テーマと動詞を
掛け算する

⑤何のために（目的語）を
加える

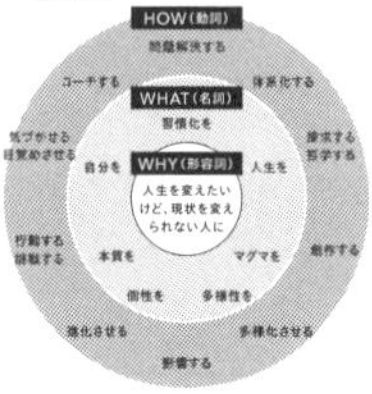

3 結晶化

①中心的テーマを描く

②三大動機を描く

③キーワードを
マッピングする

④ビジュアル化する

⑤プリントしてよりよく磨く

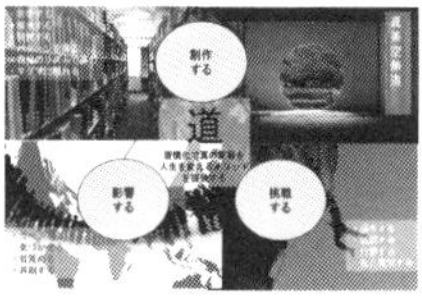

フェーズ2

どうなりたい？ Future/Relation

Future 3つの時間軸

①究極の未来
②理想の3年後
③最高の1年

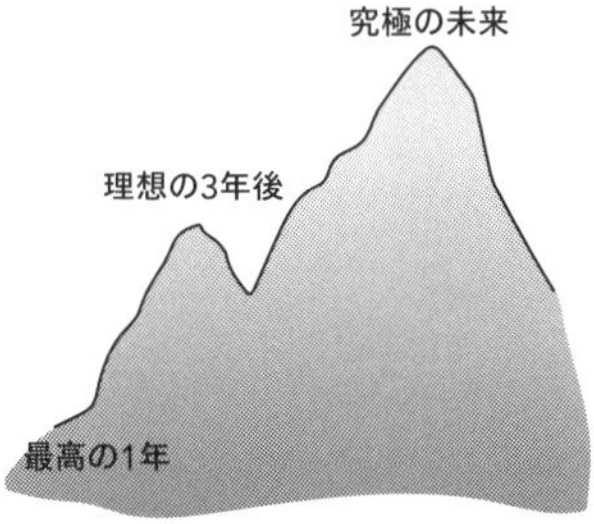

Relation 4つの関係性

	実際充足度	充足	不足
第1の関係 自分	○%	・ ・ ・	・ ・ ・
第2の関係 家庭	○%	・ ・ ・	・ ・ ・
第3の関係 職場	○%	・ ・ ・	・ ・ ・
第4の関係 趣味 社外	○%	・ ・ ・	・ ・ ・

フェーズ3

どう動く？ Goal-Action-Habit

Goal

真の目標

1.ゴールリストを書く
2.1つのゴールに絞る
3.定量的な目標にする

Action

効果的な行動

1.行動リスト10を書く
2.最重要行動3つに絞る
3.行動を具体化する

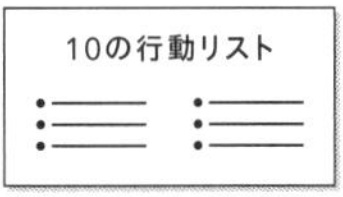

Habit

繰り返す習慣

1.日次習慣をつくる
2.週次習慣をつくる
3.月次習慣をつくる

ステップ1
何がしたい？
Deep Driver

1　抽出

①「熱中体験」から探る
②「好き」から探る
③「嫌い」から探る
④「リスト」から探る
⑤「問い」から探る

ワークガイド

発見法1.「熱中体験」から探る
1. 幼少期の体験から探る
2. 大人になってのわくわく体験から探る
3. 熱中体験を深掘りする

発見法2.「好き」から探る
1. 好きな人
2. 好きな映画、本は
3. 好きなものリスト

発見法3.「嫌い」から探る
1. 嫌いな仕事から探る
2. 昔嫌いだったこと、苦手だったこと、不得意だったこと

発見法4.「リスト」から探る
1. ドライバー動詞リストから選ぶ
2. 動詞から体験を思い出す

発見法5.「問い」から探る
1. 問いを選ぶ
2. 自由に連想する
3. 熱のある言葉にマーカーをつける

2　言語化

（記入例）

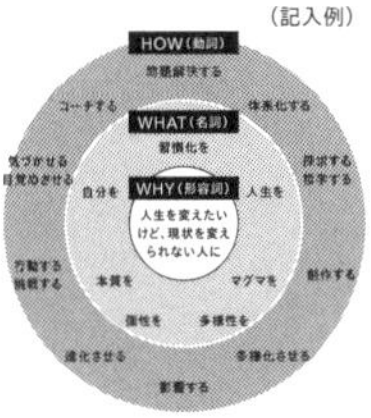

1. キーワードをマッピングする
2. 名詞を動詞に変えてみる
3. 自分の主題、名詞を出す
4. テーマと動詞を掛け算する
5. 何のために（目的語）を加える

ワークガイド

1. キーワードをマッピングする
フェーズ1の抽出、5つの発見法から出てきた言葉をまずはざっとマッピングしてみましょう。ただ、まずは書き出すことに集中してください。ここには、30〜50ぐらいのキーワードが出ていると理想的です。

2. 名詞を動詞に変えてみる
まずは、あなたの心で深く求めている言葉、キーワードを名詞で出してみましょう。次に、その言葉を動詞に変換していきます。

3. 自分のテーマ、主題（名詞）を出す
あなたが取り組みたい「テーマ・何を」（WHAT）をしたいのか？ というテーマ・主題を出しです。

4. テーマと動詞を掛け算する
2で出した動詞は、「どうする」に当たります。次に、（どうする）＋（何を）テーマを明確にしていきます。

5. 何のために（目的語）を加える
最後に「何のために」、「誰のために」を出していきます。あなたが誰のためならば、頑張れるのでしょうか？自分を時間とエネルギーを投資してでも貢献したいと思うのでしょうか？

3　結晶化

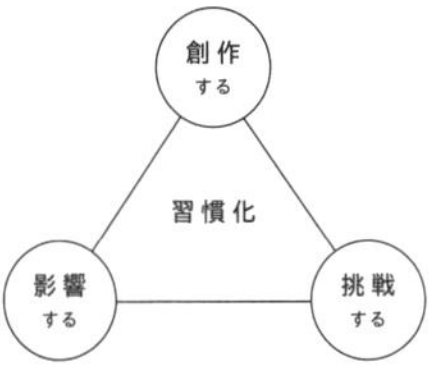

1. 中心的テーマを描く
2. 3大動機を描く
3. キーワードをマッピングする
4. ビジュアル化する
5. プリントしてよりよく磨く

ワークガイド

1. 中心的テーマを描く
まず初めに、さまざまなキーワードや動詞、名詞、目的語が出てきましたが、それを含めて、あなたがマップにどの言葉を中心に起きますか？　また、あなたの Deep Driverを象徴する一番の言葉は何でしょうか？

中心的テーマについて言葉リストからぜひ書いてみてください。

2. 3大動機を描く
動詞の中でも、より精査して、あなたの一番強いドライバーとなる動詞は何でしょうか？ キーワードは全て羅列してください。ただ、そのうち上位3つを明確にして、3大動機とすると、区別ができてマップにもメリハリがつきます。

3. キーワードをマッピングする
すでにここまで出してきた、動詞、テーマの名詞、目的語、使命を盛り込んでください。

4. ビジュアル化する
次にここまでは言語を中心に表現をしましたが、ここでは、検索でイメージ写真を出したり、複数のドライバーキーワードを読み込ませて最適な生成AIでイラストをつくることができます。

5. プリントしてよりよく磨く
最後は、プリントアウトして、それをじっと眺めてみてください。それを見て、あなたは自分の内なるマグマが熱くなるのを感じていますか？もし違うようであれば、もう一度書き直していきましょう。

ステップ2
どうなりたい？
Future/Relation

Future　3つの時間軸

①究極の未来
②理想の3年後
③最高の1年

ワークガイド

1. 究極の未来

究極どうなれたらいいか？「何の制限もなければ、どんな人生にしたいですか？」「人には言えないけれど、やりたいと思っていることは何ですか？」「死ぬ前にどんなセリフが言えたら、幸せですか？」

2. 理想の3年後

理想の3年後の自分になりきって描くことが前提です。

理想の3年後、あなたはどこに住んでいますか？どんな仕事をしているのですか？休日は何をして過ごしてますか？今、一番やりがいを感じることは何ですか？

3. 最高の1年後

最高の1年後は、理想の3年後からチャンクダウン（小さくする）ことで見えてもきます。もう1つは、今を充実させた未来としての1年後です。

Relation　4つの関係性

（記入例）

	充足度	充足	不足
第1の関係 自分	80%	・家でひとりで過ごす時間 ・創作タイムで至福の時間 ・時間がコントロールできる環境	・早起きした朝の静かな時間 ・散歩でひとり時間 ・ひとり旅時間
第2の関係 家庭	70%	・妻と話をする時間 ・息子と話をして関わる時間 ・家族旅行の数	・娘としっかり遊ぶ時間 ・子供達と一緒に寝る時間 ・妻とより深く話をする時間
第3の関係 職場	50%	・チームでの会議の時間 ・志を共有できている ・同じ目標に向かって適材適所	・部下と1on1で話す時間 ・チームでの飲み会 ・幹部メンバーとの対話
第4の関係 趣味 社外	60%	・大学院に通って人脈拡大 ・空手道場に通って武道仲間 ・パパ行事でのご近所関係	・同じ興味での深い対話 ・忙しいと上記を休みがち ・勉強練習不足で置いていかれる

ワークガイド

第1の関係　自分・内省の時間

①自己啓発の時間はとれていますか？

②自分が欲しい一人時間がとれていますか？

第2の関係　家族・パートナー

①パートナーとの関係の充実度は？（今足りないことは？ どうしますか？）

②子供との関係の充実度は？（今足りないことは？ どうしますか？）

第3の関係　上司、部下、職場

①上司とはどんな関係が理想的ですか？

②部下同僚、どんな関係が理想的ですか？

③友人・その他で大切にしたい人は？（今足りないことは？ これからどうしますか？）

第4の関係　社外、学び、趣味、師匠

①社外に自分の居場所となるコミュニティはありますか？

②自分の刺激や豊かさを与えてくれる人はいますか？

ステップ3
どう動く？
Goal-Action-Habit

Goal 真の目標

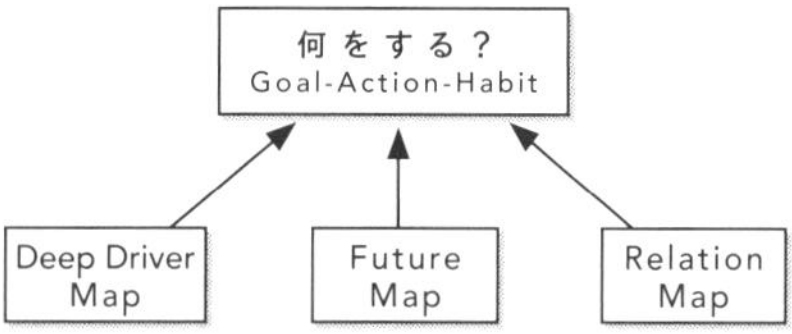

STEP1 ゴールリストを書く

STEP2 One Goal (1つのゴール)に絞る

STEP3 定量的な目標にする

ワークガイド

STEP1 ゴールリストを書く
まずは、ディープドライバーマップ、フューチャーマップ、リレーションマップに対して、やってみたいことを書いていきます。

STEP2 ONE GOAL (1つのゴール)に絞る
ゴールが多すぎると、意識が散漫になり、結局、何もできなかったと、敗北感と嫌悪感に陥りがちです。「目標はたった1つに絞る」ことをお勧めします。

STEP3 定量的な目標にする
最後にそのゴールに数字を入れて見ましょう。

「いつまでに」「どれぐらい」「いくら」「何名」「何キロ」「いくつ」と数字を入れると具体化しています。

Action　効果的な行動

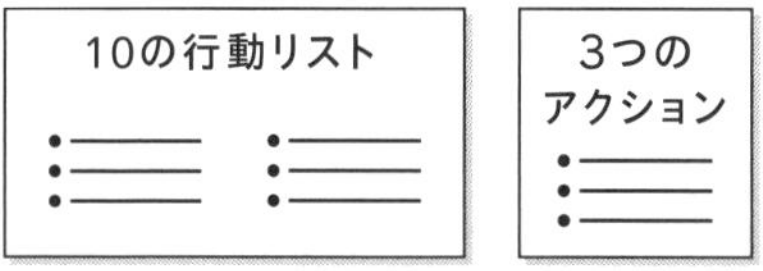

STEP1 行動リスト10を書く
STEP2 最重要行動3つに絞る
STEP3 行動を具体化する

ワークガイド

One Goalに対して、効果的な行動を考えていきます。

ステップ1. 行動リスト10を書く

次のように、それぞれのワンゴールに対して、アクションリストを書きます。大切なことは発散的に書くことです。

目標というと達成しなければいけないものという固定観念がありますが、できたらいいなことリストという気軽さでまずは10個行動リストを書いてみてください。

このときに大切なのが、3つの行動フォーカスアプローチです。

1. 調べる
2. 人に会う
3. 試す

そして、具体的に、何で調べるのか、誰に会うのかを明確にしておくことです。

ステップ2 最重要行動3つに絞る

上記の中で結果、結果にインパクトがありそうな3つの行動に絞ります。

ステップ3 行動を具体化する

まず、行動できない最大のネックは、アクションが不明確なことにあります。

①何をどうする？　②いつ、どの場面で？　③誰に対して？　④どれくらい？　を具体化してみてください。

特に、何を、どうするを言語化することが8割の鍵です。

Habit　繰り返す習慣

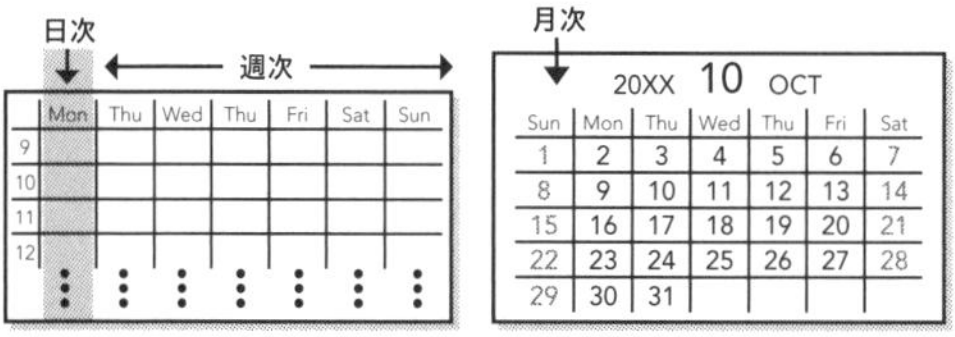

1.日次習慣
2.週次習慣
3.月次習慣

ワークガイド

1年間で追い求める目標の場合は、こういう可視化されたスケジュールに基づいて、1つずつクリアしていく地道な積み上げ習慣が必要になります。まずはここに書き込むことからすべては始まります。

1. 日次の視野

さて、日次の視野で見ていきましょう。毎日やることは何でしょうか。家族との時間、自分の読書の時間、副業の準備、を決めたらそれらを理想のスケジュールに書いていきます。

日々そのような時間を確保し習慣にしていくかです。

2. 週次の視野

1週間単位で何をするかを習慣に決めます。

週次レベルにフォーカスを置いて、これを見ながら行動、実行していきます。もちろん、この週次レベルの中に一時的なアクションも予定に入れて行動していきます。

大切なことは、行動と習慣です。これを繰り返していく習慣をつけていきましょう。

3. 月次の視野

最初は、月単位で繰り返すルーティンを決めてみてください。

たとえば、副業で経営者向けのコーチングをするとします。経営者が集まる交流会に月3回参加すると決めたら、日次を調べてスケジューリングです。

毎月決まっていることが多いので、それを先にブロックしていきます。

ステップ1
Deep Driver

ディープドライバーを探すための自分への問い

私の座右の銘は…。なぜこれが大切かと言うと…	これができたら最高の人生だと言えるものは？	もし、神様が3つ願いを叶えてくれるとしたら…	人生で絶対に行きたい国、場所は…なぜなら…	私が譲れないことは…だ
夢の人間関係は？	私は…のような生き方がしたい。なぜならば…	私の人生は…	私の使命は…	私が偏愛するものは？
社会貢献をするなら、何をする？	私の美学は…	心の底からやりたいことは…	私の信念は…	私の憧れは…
私の強み、得意なことは？	人には言えないけど、私が密かにやりたいことは…	もし1ヶ月休暇がとれるなら…したい	私は…な人の助けになりたい。なぜならば…	最高の人生とは…
学びたいこと、身につけたいスキルは？	いくらあればお金の心配がなくなるか。そして心配がなければ…したい	人からよく言われる褒め言葉は…	自分が誇れる過去の自慢は？	もし、20歳若かったら、…をする。なぜならば…

ディープドライバー動詞（例）

冒険する	分析する	区別する	目指す
知らない世界に出会う	衝撃を与える	開発する	調べる
刺激する	共感する	決断する	助ける
創造する	おしゃれする	絵を描く	応援する
想像する	成長する	話す	支える
学ぶ	リスクを取る	聴く	計画する
指導する	行動する	励ます	準備する
教える	変化する	勇気づける	成し遂げる
探求する	支配する	書く	飛び出す
影響する	自由でいる	洞察する	進化する
努力する	運動する	発想する	変える
コントロールする	達成する	育てる	強化する
突き止める	目標を立てる	予想する	訓練する
デザインする	習得する	つくる	磨く
整理する	触れる	演じる	燃える
集める	思いつく	演奏する	盛り上がる
貢献する	体系化する	試す	楽しむ
与える	知る	研究する	笑う
世話する	改善する	開拓する	感動する
観察する	実験する	開発する	感激する
説得する	鍛える	発表する	感謝する
動機づける	自分を磨く	探検する	触れる
サポートする	引き出す	挑戦する	味わう
協力する	感じる	発見する	見る
奉仕する	考える	探す	記録する
ひらめく	組み立てる	改善する	描写する
気づく	料理する	突破する	表現する
アイデアを出す	愛情を注ぐ	飛び越える	エキサイトする
独創性を発揮する	手伝う	進む	沸き立つ
新しいものに触れる	卓越する	続ける	高揚する
神聖さを感じる	熟練する	突き進む	勇気づける
成長を促進する	工夫する	乗り越える	楽しませる
人と人をつなぐ	言語化する	突き抜ける	喜ばせる

ディープドライバーを探すための好きなことリスト

1	チョコレート	35	手作り	69	バレーボール
2	映画	36	釣り	70	テレビドラマ
3	音楽	37	キャンプ	71	ポッドキャスト
4	旅行	38	ピクニック	72	ラジオ
5	読書	39	ライブコンサート	73	科学
6	友達と過ごす時間	40	アート	74	歴史
7	家族	41	DIYプロジェクト	75	哲学
8	ペット	42	パズル	76	フィットネス
9	コーヒー	43	映画鑑賞	77	武道
10	自然	44	ワイン	78	書道
11	海	45	ビール	79	茶道
12	山登り	46	ソーシャルメディア	80	華道
13	食べ歩き	47	テクノロジー	81	落語
14	花	48	デジタルガジェット	82	将棋
15	ドライブ	49	エクササイズ	83	囲碁
16	美術館	50	マッサージ	84	麻雀
17	テレビ	51	ボードゲーム	85	マジック
18	ゲーム	52	漫画	86	コレクション
19	料理	53	アニメ	87	舞台劇
20	スポーツ観戦	54	コスプレ	88	オペラ
21	カラオケ	55	ハイキング	89	バレエ
22	ショッピング	56	動物園	90	針仕事
23	ファッション	57	水族館	91	編み物
24	美容	58	料理教室	92	裁縫
25	温泉	59	パン作り	93	絵画
26	スキー	60	フェスティバル	94	彫刻
27	サーフィン	61	カフェ巡り	95	陶芸
28	写真撮影	62	寝ること	96	ガラス工芸
29	ガーデニング	63	瞑想	97	航空機
30	ダンス	64	スパ	98	列車
31	ヨガ	65	ゴルフ	99	車
32	サイクリング	66	テニス	100	バイク
33	ランニング	67	バスケットボール		
34	ボランティア活動	68	サッカー		

小学生の頃の熱中体験を書き出す

1.
2.
3.
4.
5.
6.
7.
8.
9.
10.

Future MAP

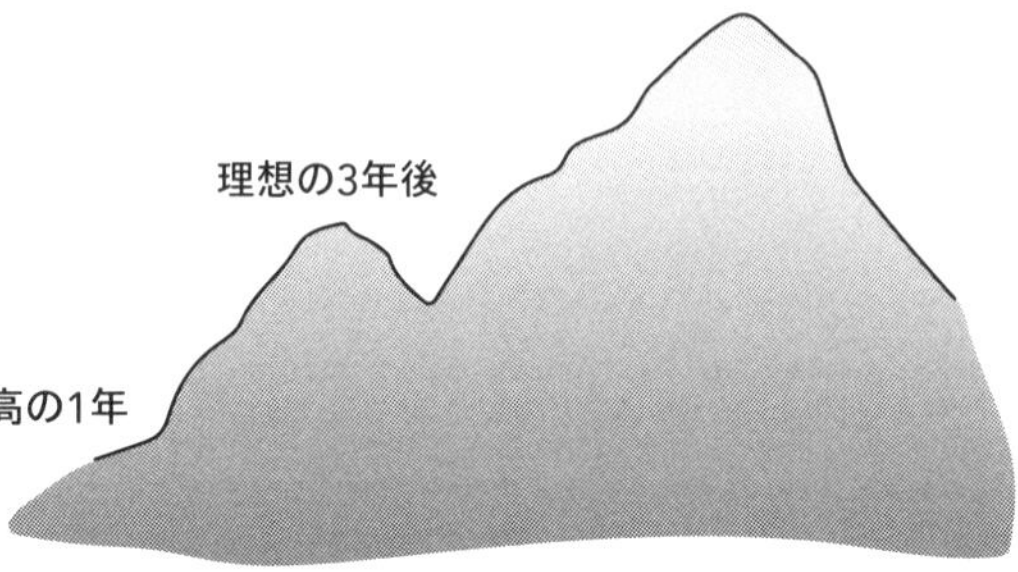

最高の1年

理想の3年後

究極の未来

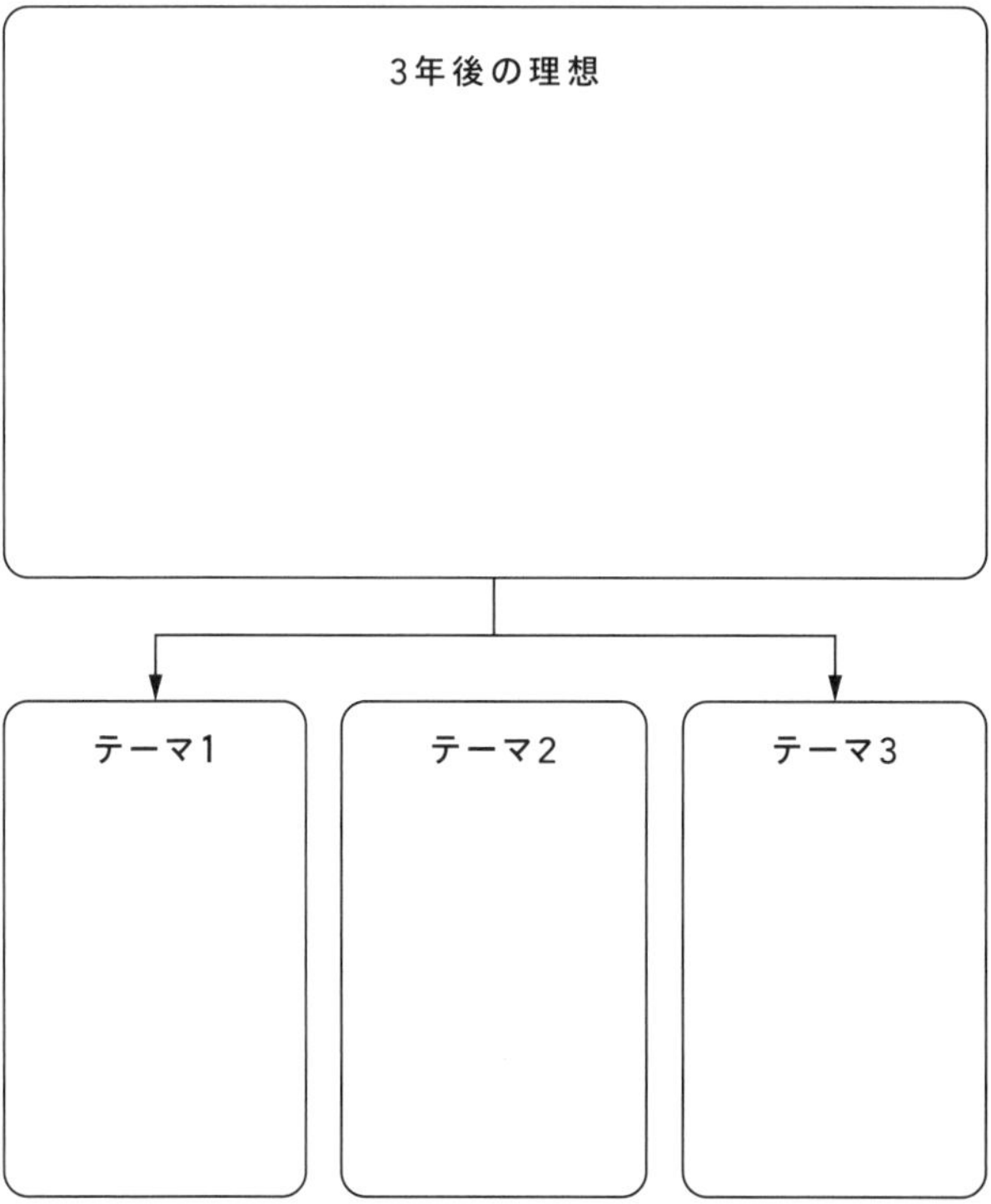
3年後の理想
テーマ1
テーマ2
テーマ3

Relation MAP

	実際充足度	充足	不足
第1の関係 自分			
第2の関係 家庭			
第3の関係 職場			
第4の関係 趣味 社外			

Goal-Action-Habit

Goal

Deep Driver MAP

Action

Future MAP

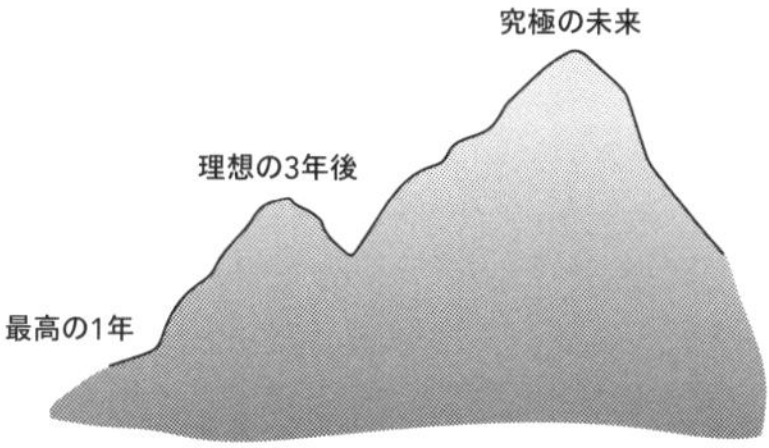

Habit

Relation MAP

	実際充足度	充足	不足
第1の関係 自分			
第2の関係 家庭			
第3の関係 職場			
第4の関係 趣味 社外			

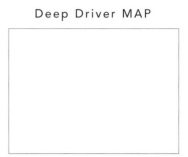

理想の週次

木曜	金曜	土曜	日曜

時間	理想の日次	理想の週次		
		月曜	火曜	水曜
5:30				
6:00				
6:30				
7:00				
7:30				
8:00				
8:30				
9:00				
9:30				
10:00				
10:30				
11:00				
11:30				
12:00				
12:30				
13:00				
13:30				
14:00				
14:30				
15:00				
15:30				
16:00				
16:30				
17:00				
17:30				
18:00				
18:30				
19:00				
19:30				
20:00				
20:30				
21:00				
21:30				
22:00				
22:30				
23:00				
23:30				

未来と痛みと快感を想像する
フューチャーページング

もし、今のままを続けたら10年後どうなるか？？	
10	
9	
8	
7	
6	
5	
4	
3	
2	
1	
現在	

もしも、挑戦を始めたら10年後どうなるか？？	
10	
9	
8	
7	
6	
5	
4	
3	
2	
1	
現在	

付録②

ディープドライバーメソッド・ワークシート一覧

著者紹介

古川 武士（ふるかわ たけし）

習慣化コンサルティング株式会社代表取締役。

1977年、大阪府生まれ。関西大学卒業後、日立製作所などを経て2006年に独立。約5万人のビジネスパーソンの育成と1千人以上の個人コンサルティングの経験から「続ける習慣」がもっとも重要なテーマと考え、日本で唯一の習慣化をテーマにしたコンサルティング会社を設立。オリジナルの習慣化理論・技術を基に、「多様性が溢れる中で、個性を輝かせる」をミッションに、個人向けの「習慣化の学校」、法人向けの「行動変容型研修」などを提供している。

NHK「あさイチ」「ごごナマ」、TBS「情報7daysニュースキャスター」など250以上のTV、ラジオ、雑誌に出演。著書は、習慣化に特化したテーマでこれまでに24冊を出版、累計120万部を超え、中国、韓国、タイ、ベエトナム、インドネシア、マレーシアでも翻訳出版され、中国廈門では6千名規模の講演を行った。

Linked in →

BOW BOOKS 030

ディープドライバー
ほんとうにやりたいことを言語化する方法

発行日　2024年10月31日　第１刷

著者	古川武士
発行人	干場弓子
発行所	株式会社BOW&PARTNERS https://www.bow.jp　info@bow.jp
発売所	株式会社 中央経済グループパブリッシング 〒101-0051　東京都千代田区神田神保町1-35 電話 03-3293-3381　FAX 03-3291-4437
ブックデザイン	池上幸一
図版	トモエキコウ（荒井雅美）
編集協力＋DTP	BK's Factory
校正	株式会社文字工房燦光
印刷所	中央精版印刷株式会社

ISBN978-4-502-52571-1

007

創造力を民主化する
たった1つのフレームワークと3つの思考法

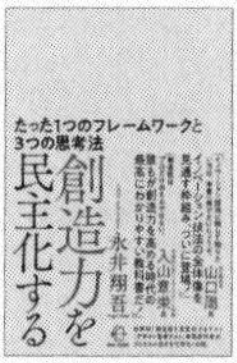

永井 翔吾
2200円｜2022年3月30日発行
四六判並製｜384頁｜2刷

本書があなたの中に眠る創造力を解放する！　創造力は先天的なギフトではない。誰の中にも備わり、後天的に鍛えられるものだ。

008

コンサルが読んでる本 100＋α

並木 裕太 編著
青山 正明+藤熊 浩平+
白井 英介
2530円｜2022年5月30日発行
A5判並製｜400頁

ありそうでなかった、コンサルタントの仕事のリアルを交えた、コンサル達の頭の中がわかる「本棚」。

009

科学的論理思考のレッスン

高木 敏行／荒川 哲
2200円｜2022年6月30日発行
A5判横イチ並製｜212頁

情報があふれている中、真実を見極めるために、演繹、帰納、アブダクション、データ科学推論の基本を！

010

朝日新聞記者がMITのMBAで仕上げた
戦略的ビジネス文章術

野上 英文
2420円｜2022年7月30日発行
四六判並製｜416頁｜2刷

ビジネスパーソンの必修科目！
　書き始めから仕上げまで、プロフェッショナルの文章術を、すべてのビジネスパーソンに。

011

わたしが、認知症になったら
介護士の父が記していた20の手紙

原川 大介／加知 輝彦 監修
1540円｜2022年9月30日発行
B6判変型並製｜192頁

85歳以上の55％が認知症!?
本書が、認知症、介護に対するあなたの「誤解・後悔・負担・不安」を解消します。

012

グローバル×AI翻訳時代の
新・日本語練習帳

井上 多恵子
2200円｜2022年9月30日発行
B6判変型並製｜256頁

外国人と仕事するのが普通となった現代のビジネスパーソン必携！　AI翻訳を活用した、世界に通じる日本語力とコミュニケーション力。仲野徹氏絶賛!!

013

人生のリアルオプション
仕事と投資と人生の「意思決定論」入門

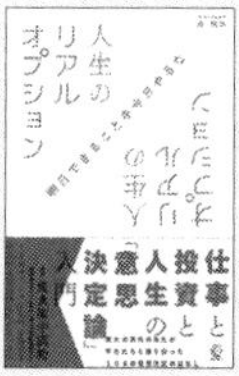

湊 隆幸
2420円｜2022年11月15日発行
四六判並製｜320頁

「明日できることを今日やるな」
　不確実性はリスクではなく、価値となる。私たち一人ひとりがそのオプション（選択権）を持っている!!

014

こころのウェルビーイングのために
いますぐ、できること

西山 直隆
2090円｜2022年12月25日発行
四六判並製｜320頁

モノは豊かになったのに、なぜココロは豊かになれないんだろう…幸せと豊かさを手にしていく「感謝」の連鎖を仕組み化！
「幸福学」の前野隆司氏推薦！

015

コンサル脳を鍛える

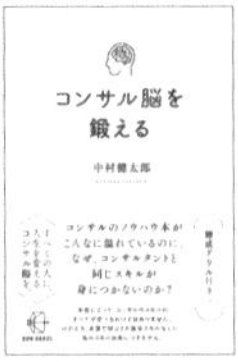

中村 健太郎
1980円｜2023年2月25日発行
四六判並製｜256頁｜3刷

コンサル本が溢れているのにコンサルと同じスキルが身につかないのはなぜか?その答えは「脳の鍛え方」にあった!? すべての人に人生を変える「コンサル脳」を。

016

はじめての UXデザイン図鑑

荻原 昂彦
2640円｜2023年3月30日発行
A5判並製｜312頁｜5刷

UXデザインとは、ユーザーの体験を設計すること。
商品作りでも販売現場でもアプリやDXでも…あらゆる場面でUXデザインが欠かせない時代の武器となる一冊!

017

コンサル・コード
プロフェッショナルの行動規範48

中村 健太郎
2200円｜2022年5月30日発行
四六判上製｜232頁

コンサルファーム新人研修プログラムテキスト本邦初大公開!
コンサルの作法と正しいアクションが学べる実践的スキルブック。

018

現代の不安を生きる
哲学者×禅僧に学ぶ先人たちの智慧

大竹 稽／松原 信樹
2200円｜2023年6月30日発行
四六判並製｜320頁

不安があってもだいじょうぶ。
不安があるからだいじょうぶ。
哲学者と禅僧による、不安の正体を知り、不安と上手につきあうための17項目。

019

いずれ起業したいな、と思っているきみに
17歳からのスタートアップ講座
アントレプレナー入門
エンジェル投資家からの10の講義

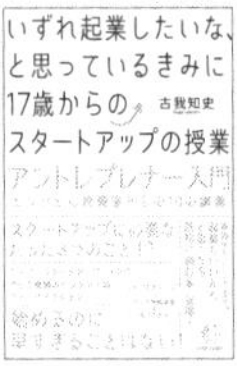

古我 知史
2200円｜2023年8月30日発行
四六判並製｜328頁

高校生から社会人まで、「起業」に興味を持ったら最初に読む本!

020

いずれ起業したいな、と思っているきみに
17歳からのスタートアップ講座
アントレプレナー列伝
エンジェル投資家は、起業家のどこを見ているのか?

古我 知史
1980円｜2023年10月30日発行
四六判並製｜296頁

起業家はみな変人だった!?出資を決める3つの「原始的人格」と「必須要件」とは?

021

グローバル メガトレンド10
社会課題にビジネスチャンスを探る105の視点

岸本 義之
2750円｜2023年11月30日発行
A5判並製｜400頁

これは、未来予測ではない。2050年の必然である。
ビジネスで地球と世界の未来を救う若き起業家たちへの希望の書、誕生!

022

戦略メイク
自分の顔は自分でつくる

池畑 玲香
1870円｜2023年12月25日発行
四六判並製｜272頁

キレイになるだけじゃもったいない。ほしい未来をかなえなくっちゃ!働く女性に、ヘアスタイルとメイクアップという女性ならではの「武器」の有効活用法を!

BOW BOOKS

時代に矢を射る　明日に矢を放つ

WORK と LIFE の SHIFT のその先へ。
この数年、時代は大きく動いている。
人々の価値観は大きく変わってきている。
少なくとも、かつて、一世を風靡した時代の旗手たちが説いてきた、
お金、効率、競争、個人といったキーワードは、もはや私たちの心を震わせない。
仕事、成功、そして、人と人との関係、組織との関係、
社会との関係が再定義されようとしている。
幸福の価値基準が変わってきているのだ。

では、その基準とは？　何を指針にした、
どんな働き方、生き方が求められているのか？

大きな変革の時が常にそうであるように、
その渦中は混沌としていて、まだ定かにこれとは見えない。
だからこそ、時代は、次世代の旗手を求めている。
彼らが世界を変える日を待っている。
あるいは、世界を変える人に影響を与える人の発信を待っている。

BOW BOOKS は、そんな彼らの発信の場である。
本の力とは、私たち一人一人の力は小さいかもしれないけれど、
多くの人に、あるいは、特別な誰かに、影響を与えることができることだ。
BOW BOOKS は、世界を変える人に影響を与える次世代の旗手を創出し、
その声という矢を、強靭な弓（BOW）がごとく、
強く遠くに届ける力であり、PARTNER である。

世界は、世界を変える人を待っている。
世界を変える人に影響を与える人を待っている。
それは、あなたかもしれない。

代表　干場弓子